コロナショックから始まる変容のプロセス

これから何が起ころうとしているのか

はせくらみゆき

徳間書店

はじめに――大きく変わっていくとき

今、世界は大激変の最中です。昨日までの当たり前が当たり前ではなくなり、外出もままならず、親兄弟に会いにいくのもはばかられる日々となっています。

また、自由に行き来出来ていた国々との間も、今はどんどん封鎖され、あっというまに、グローバリズムから国単位のナショナリズムへ、という世界へと変容を遂げています。

ニュースをみれば、新型コロナウイルス関連の話題ばかり。毎日更新される感染者の数を見るたびに、気持ちが揺さぶられることでしょう。

こうして突然始まりを告げた、世界規模の変容を、どのように捉え、どう向かい合っていったらよいのでしょうか？

この本は、そんな問いに答えていく、現在進行形・変容のプロセスとその意図について一気に書き下ろしたものです。
もちろん、一人ひとりにとっての真実と世界がありますので、この本に表されている内容を信じてほしいとか、そうあるべきだと主張しているわけではありませんし、とりわけ瞑想を通して得た「直観」情報をエビデンスをもって証明せよといわれても、なかなか難しいものがあります。

それでもなぜ、今、この本を緊急出版しようと思ったかというと、私たち人類が共有している意識の深奥部《しんおうぶ》——超意識が、個我といわれる私たち一人ひとりの顕在意識《けんざいいしき》に、メッセージを送りたいと願っていることを感得したからです。

実は、日本では、緊急事態宣言が施行された**2020年4月第2週目より、集合意識の波が大きく変わりました。**
それぞれが心の奥で思っていること、感じていることの集合体である「集合意識」は、現象化をもたらす重要な鍵ともいえるため、注視しておく必要があるのですが、その波がさらにうねりを大きくしながら、大変革の時代に向かって流れていくのを感じておりました。

また、それらの意識の波は、ゴールデンウィーク下に発表された、緊急事態宣言の延長によって、より密度を増した現実（より深刻化しやすい現実）が現象化しやすくなっている昨今となっています。

書かれている内容のソースは、「直観」情報をもとに、データや人脈からの情報、書籍、研究者の知見などに鑑みながら、再度考察し、またそれを瞑想を通して識別していく……といったプロセスを経て著《あらわ》しているものです。

現在は、確かに、健康不安から経済不安、将来の不安に至るまで、精神的にはきつく、大変な時期です。

けれども、この「大変」という漢字をじっと眺めていると、「大きく変わる」と読み替えることが出来ることに気づきました。

まさしく今、がそのとき。

大きく変わっていくときだからこそ、大変である。けれどもそれは、産みの苦しみでもあり、これらの流れを乗り越えた先にあるものは、きっと素晴らしき未来へと繋がっているはずです。

なぜなら、私たちの内には、それらを越えていくだけの力が、すでにセットされているからです。

すべては時満ちて、表れているのだと思っています。
だから、大丈夫。すべてはきっと、うまくいく。
一歩、一歩、自らの内なる灯りを頼りに、進む旅。
旅の終わりには、皆で朗《ほが》らかに、大笑いしようね！

本書で、そんな時代を航海していくあなたという仲間と共に、先へと進む勇気と希望、そし情報を分かち合えたらと思っています。どうぞ宜しくお願いいたします。
それではさっそく始めることといたしましょう。

画家・作家　はせくらみゆき

コロナショックから始まる変容のプロセス　目次

第一章

今、何が起こっているのか？

第二章

◇◇◇◇◇◇◇◇

コロナウイルスの本質とは？

第三章

◇◇◇◇◇◇◇◇

これから何が起ころうとしているのか？

第四章

◇◇◇◇◇◇◇◇

今、何をしたらよいのか？

カバー画　はせくらみゆき
装丁　三瓶可南子
編集　豊島裕三子

第一章

今、何が起こっているのか？

「国難です。戻りなさい……」フィレンツェから日本へ

2020年の2月まで、私は、イタリア中部の街、フィレンツェに住んでいました。絵描き、物書きとして、より自分を深め、進化していくために、現地にあるアカデミア（美術学校）に在籍して学びつつ、イタリアンライフを満喫していたのでした。

幸いなことに、ヨーロッパでの出版も決まっていたことから、今後は、ヨーロッパと東京の二拠点を中心に活動しようと、着々と準備が進んでいたところでした。

ルネサンスの発祥の街――フィレンツェは、天井のない美術館とも称されるにぴったりの、まさしく芸術的で荘厳な街並みでした。

とりわけ、夕暮れ時に、街角にたたずむと、通りの向こうから、ふいに、ダ・ビンチや、ミケランジェロが現れても不思議ではないような、独特の空気感に包まれていて、私はこの街を、ことのほか気に入っていたのでした。

……が、突然、それは終わりました。日本へと帰国することになったからです。

2020年2月がまもなく終わりを告げようとする、少し春めいた風の吹く朝、私はいつものように、アカデミアに行くためのトラム（電車）に乗っていたのですが、窓の外を見ていると、突然、内なる叡智（直観）からの「指令」が入ったのです。

「戻りなさい、今すぐに」と。

ルネサンス発祥の街、フィレンツェ

私はびっくりして、もう一度、自分の内側に訊き直しました。
すると今度は、より強い口調で、「国難です。戻りなさい」と響くのです。
私はその声（思い）が持つ切迫感に驚いて、反射的に「了解です」と答えてしまいました。

それから先は、自分でもびっくりするほどの行動の速さでした。

まずは、アカデミアに行き休学の手続きをし、一番大きなスーツケースを買い込んで、帰宅。

飛行機をチェックして帰国する準備を整えると、その後は、家にあるものをひたすら処分し、どうしても必要なものだけをスーツケースに詰め込んで、急遽、アパートを引き払う手続きをしました。

表面の意識は、「アパートを引き払って帰国する」という選択肢は、もともと持っていなかったのですが、深奥の意識（内なる叡智・直観）の言うことには逆らえません。

……というか、私にとってのマスターは、内側にいる自分自身なので、その導きを無視するという選択肢はありませんでした。

直観の導きは「すぐにイタリアを出よ」であったため、翌日の夕方、フィレンツェからローマへと飛び、ローマからは、ロシア経由で日本へと帰国したのでした。

その頃、イタリアでは新型コロナウイルス感染症のため、非常事態宣言は出ていたものの、まだ緊張感はなく、市民生活はいたって普通でした。
ただ、北部のロンバルディア州などは感染者が多数出ていたため、ちょっとずつ心配の声が広がっていた時期でもありました。

そして、私が去るちょうどその日、とうとうフィレンツェにも感染者が出たという知らせが入ったのです。その途端、街の空気がガラリと変わりました。突如、スーパーからパスタや飲料水が消え、薬局では、あっという間に、マスクや消毒液が売り切れになりました。

私はその光景を見ながら「ああ、だから直観は、すぐに戻れといったんだな。そして私はしばらくイタリアに帰ることは出来ないはず。なぜなら、この感染症はパンデミックになるだろうから」と直覚したのです。

実際、2020年2月末から急速に事態が悪化して、外務省や領事館からの注意勧告が毎日のように届くようになりました。

また、ほどなく都市封鎖、及び国境封鎖も始まったため、帰国するにも一苦労といった状態になりました。今思うと、間一髪の帰国だった気がいたします。

あらためて、直観ってありがたいなぁと思いました。

ドゥオーモ（大聖堂）の前でデジャブを視る

実は、この帰国劇へと至る1週間前に、「予兆」のような出来事があったのです。そのことが印象的に心に残っていたため、素早い行動へと繋がりました。

というのは、その頃、毎日、ドゥオーモ（大聖堂）近くにある図書館に通っていたのですが、ある日、観光客でごった返しているドゥーモ前を通りかかったら、なぜか、私の眼に映る風景が、ほとんど人のいない風景だったんですね。

しかも数人見かけた人は皆、本格的なマスクをしているのです。


え？　なにこれ？

と思い、眼を見開いてその光景を眺めると、なぜかテレビ画面のテロップのように、左上に「1919年　リバイバル」という文字が浮かび上がっています。

あれ？　私、何見てるんだ？　と思い、再び目を凝らしてみると、なんてことない、いつもの風景が広がっています。音楽、おしゃべり、人の波……一切、異常なし。

本当に、一瞬の出来事でしたが、めったに体験しない現象なので、少し心がざわざわしてしまい、テロップのように出てきた文字の意味を、再び直観に尋ねてみることにしました。

フィレンツェのドゥオーモ（大聖堂）

するとほどなく「戦争・感染症再び・世界の変容・ルネサンス」という言葉と概念が飛び込んできました。
その瞬間、「なんとなく帰国せねばいけない状況がくるのかな？」とふと思ったのですが、これ以上意識を集中するのがいやだったので、とりあえず、忘れることにしたんですね。

けれども、その1週間後、トラムの中で、前述の「閃き」があったことで、「あ、そうか。この前のデジャブは、ここへと繋がってたんだ」と思い、すぐさま動いたのでした。

ちなみに、あとから調べると1919年は第一次世界大戦中で、スペイン風邪が猛威をふるっていった時期でした。

そして、2020年3月9日、イタリア全土のロックダウン（都市封鎖）が始まった後に撮影された動画には、まさしく私が視たデジャブそのままの光景が映し出されていました。

表面の自己はアバター？

さて、なぜ、この話からスタートしたのかというと、**「直観」という便利な情報収集&精査ツール**を、ぜひあなたも、大いに活用してほしいと思ったからです。

直観という定義は、ウィキペディアによると、「推論・類推など、論理操作を仕込まない直接的、かつ即時的な認識の形式である」と書いていますが、私なりに解釈すると、**自分の本質である超意識の部分から直接、情報を取る手段で、いってみれば、本質（本当の自分）から送られるダイレクトメール**みたいなもの。

とても便利で役に立つ、実践的なアイテムなのです。

私の場合、たまたま、この能力が幼い頃からあったようです。

今でも忘れられないのが、保育園に通っていた頃、たまたま、窓に映る自分の顔を見て「ああ、今、この人の姿の中に、本当の私を入れているんだなぁ」と思いながら、心が命じただけで、思い通りに動いてくれる自分の顔の動きを見て、不思議に思っていた感覚を覚えています。

つまり、その時から、「本当の私」というのが奥にいる自分のほうで、見えている「表面の私」は、容《い》れものの感覚だったんです。いってみればアバターのような感じ。

そんな感覚を持っていたので、表面の自分にとって、迷ったり、わからないことが出てきたときは、すぐさま、奥にいる本体のほうに訊くんですね。

すると、奥のほうから、「いや、これは違いますよ。そっちのほうですよ」なんて感じで、教えてくれるのです。

しかも、本体のほうの自分に意識を合わせれば、人以外のもの……鳥や虫や風や空とも「おはなし」が出来る（想いのかたまりが飛んでくる）ので、ちっとも寂しくはありませんし、天気予報や道案内など、葉っぱや雲が教えてくれたりするんですね（笑）。

なんて便利なんだろう、と思っていたのですが、どうやらこの感覚は、人に言うと相当、変な子どもと思われるのだということを、小学校に入る直前に気づき、以来、誰にも言わぬまま、ひっそりと自分の中だけで継続しつつ、大きくなっていったのでした。

今も基本的な感覚は、あまり変わっていません。

もっとも、しっかり大人になった後は、直観から得た情報を、現実と照らし合わせながら、より実践的、かつ論理的に説明できるよう、意識するようになったという感じでしょうか。

直観力を使う大切さ

「直観力」を磨くということ、それは、この情報化社会の中で、情報を取捨選択し、どの情報を取り込んでいくかという情報リテラシーの能力を高めるだけではなく、危機管理や決断、人生の意思決定においても、大変重要な要素となります。

それればかりか、これから来たるＡＩやビッグデータ、量子コンピューターの時代において、唯一、それらをも凌駕する能力が、この直観力ではないかと、思っています。

この**直観をもたらすベースとなっているのは、超意識と呼ばれる、意識の場所です。**

真我とか魂、神性、仏性、本質、空《くう》、ゼロポイントフィールドとも呼ばれています。

私はこの精妙なる意識の場所を「内なる叡智」と呼んで、親しんでいます。

本書では、文脈に応じて、それらの名前を使い分けて表現していきますね。

さて、この直観力。この力は、誰しもが持っている人間に与えられた素晴らしい能力であり、磨けば磨くほど、精度と感度が上がるように出来ています。

ぜひ、あなたも、思考のおしゃべりが止んだときに生じる「直観の導き」を感じ取ってみてください。そして、その声なき声に従い、実際に行動してみることをお勧めします。


……ということで、さっそく実践です（笑）。

直観磨きの訓練を、本書を通してやってみるというのはいかがでしょうか？

やり方は、文章を読み進めながら、**心がフワッと広がったり、温かくなるものは、あなたの奥側が、OKサインを出しているもの、あるいは必要な情報。**

逆に、**心がざわついたり、ピンとこない感覚になるものは、直観はNOといっているもの、あるいは今の自分には必要がないよ**、といっているものだ、というふうに捉えてみてください。

そうした読み方を進めていくと、**必要な情報や優先順位が明確になってきますし、本を読みながらも、自己との対話を深めていくことも可能となります。**

また、この手法で、今、皆さんの前に現れて来る膨大な情報——インターネットやテレビ、LINE、SNS、人づてからもたらされるものに対して、ザックザックと切り捨てながら、一番必要な情報を瞬時に識別していく、そうした**情報リテラシー**を養う力のもとにもなります（詳細は後述）ので、楽しんで、トライしてみてくださいね。

新型コロナウイルスで変わる世界

さて、ちょっと長い前置きになってしまいましたが、ここから今、何が起こっているのかについて、考察していきます。

今、皆さんもよくご存じのように、新型コロナウイルス感染症によるパンデミックで、世界中を巻き込みながら大混乱中です。

こうした混乱のさまを、欧米では「ウイルスとの戦争中」と捉えている向きもあり、なんとも穏やかではない空気の中を、私たちは今、過ごしています。

このウイルス禍によって、**今まで当たり前と思われてきた価値や秩序があっけなく壊れていくさまを、私たちは目の当たりにしているのです。**

現在、ウイルス被害を抑えるために、世界中が国境封鎖という「鎖国政策」を採っています。

今まで、誰もが疑うことなく突き進んできたボーダレスな世界や、グローバリゼーションといった世界から、180度転換した、真逆の世界を今、私たちはリアルに体験しているのですね。

この状況を、新型コロナウイルス感染症が収束するまでの緊急的措置だと捉えたほうがよいのか、あるいは、肥大した資本主義の限界がいよいよ露呈してきたと捉えるか、人によって違うとは思うのですが、私は、これをきっかけに、私利私欲に基づいて成長した資本主義そのものが、終焉へと向かっていく流れまで進んでしまうだろうな、と感じています。

また、今のウイルス禍における状況を冷静に観察していると、けっこう覇権国家の思惑が見え隠れしていて、感覚的には、ウイルスにかたちを変えた戦争（「超限戦」という状態）のようにも見えます。

このままの状態が長引けば、経済の悪化、食料問題、資源、エネルギー問題など、けっこう厳しい展開になるであろうことは、誰でも予測がつくことでしょう。場合によっては、デフォルトする国が出てきたり、国家という形が崩壊したりと、本当に大きな歴史的転換の真っ只中にいるのだと思っています。

そんな中、個人においては、健康へのリスクや、経済への不安、仕事の見直しや、家族のこと、人間関係、未来への不安など……次々と課題がやってきて、「はて、どこから取り組むべきか」と、頭を抱える状況が、続いているのではないでしょうか。

どう捉えるかは自分で決められる

しかしながら、たとえ**起こったこと自体を変えることは出来なくても、起こったことを、どう捉えるかは、自分の意思で変えることが出来ます。**

また、**まだ起こっていないことに関しては、それぞれの意識と関心のあり方によって、どの現実を表すかを選ぶことが出来ます。**

もし、もっと大きなレベルのこと――たとえば、国家や社会、環境といった世界的な規模で起こっていくものであったとしても、それを**どう捉え、未来へと繋げていくかは、自分で決めることが出来る**のです。

不謹慎かもしれないのですが、私としては、たとえどんな状況に置かれることがあったとしても、やはり、今、ここにいること、在《あ》ること、今、この瞬間を生きているんだ、って思えることが、嬉しくてしかたないのです。

ましてや、歴史的転換がはかられるかもしれない貴重な時期を、肉体をもって味わえるということ、そう思うだけで、やはりワクワクしてきます。

きっとこの本が上梓《じょうし》される頃には、さらに、さまざまなことが変化していっていると思いますし、このめまぐるしい流れの中で、来年、再来年と、思ってもみなかった未来——想定外が普通に起こり得る世界に突入しているような気がしてしかたありません。

ガイア、地球の声に耳を澄ます

ではここで、得意の直観を使って、今、起こっている現象について、「地球」はどう感じているのか、地球の意識に耳を傾けてみたいと思います。

地球は、ただの土くれではありません。

ちゃんと意思と意識が存在する有機的な惑星です。

その性質は、どちらかというと、女性性が強い星なので、あえて人称化するなら「彼女」と呼ぶのがよいかもしれません。

彼女――**ガイアは、とても忍耐強く、愛に溢れ、皆をはぐくみ、護ろうとしている偉大なる星**です。

ちなみに私がこうした、**「存在物コミュニケーション」**を試みるときは、たいてい意識集中と呼吸を通して、一気に超意識の自分のほうにアクセスします。

そうして、物理でいう量子のスープのような状態の場所を知覚してから、「地球」へと意識を向けるのです。すると、地球固有の振動を感得するので、そこにフォーカスして、想いのかたまりを受け取り、それを翻訳して、言語化する（コミュニケーションを図る）という作業をします。

というわけで、ここからの文章はガイアにバトンタッチしますね。

ガイアの祈り

「愛しい子らよ　お聞きなさい。
これから私の出産が始まります。
時満ちて　今、陣痛が始まりました。

あなたがおそれるミクロの坊や――コロナウイルスは
私の陣痛を告げるおしるしです。
おしるしをへて　私の陣痛は本格化します。
けれどもどうぞ　こわがらないでください。
私はいつも　あなたのそばにおります。

さて　やんちゃで狂暴なコロナたちですが
彼らには彼らの目的があり
それを果たすべく働いています。

その目的とは　多層にわたるものなのですが

彼らが持つ　深き意図にまで触れたなら
それが　私の意図と同じであることを
あなたは理解することになりましょう。

だから　私は受け入れたのです。
それは　あなたたちを罰するためではありません。
邪魔にしているわけでもありません。
むしろ　その逆です。

とても大切で　愛おしい存在だからこそ
あなたに　気づいてほしくて
一人でも多くの子らに　目覚めてほしくて
ことが　運ばれるのを　私は了承しました。

どうか　共に手をたずさえ　進んでくださいますように。

産道を　共に　くぐりぬけるものとなりますように。

深き絆で結ばれている
私の身体に住まうものよ。
産道をぬけた先にあるものは
今の私より　もっと軽やかで
のびやかに呼吸できる
新しい私の姿です。

それはすでに
あなたのみこころの中に　宿しています。
生き生きと息づきながら　あなたの内に
それは　あります。

私は　まもなく

そのオクターブの地球――新生地球
と呼ばれるその振動に
我の中心を定めることを決めています。

だからまいります。
これが私の「出産」です。
そして　私はとうとう
星のみなしごと呼ばれた
その役から　卒業することになります。

これは　新たなる、始まりの物語なのです。
時満ちて　開かれていく　天《そら》の約束です。
そう　たった今
新しい神話が　創られているのです。

すでにこのことは
鳥も獣も魚たちも　皆　知っています。
花も虫も海も空も　皆　わかっています。
わかっていなかったのは
あなたたち　人間だけ。

けれども　どうしても　一緒にいきたいのです。
あなたたちも　連れていきたいのです。
神話を共に創っていきたいのです。

だから　このたび、その切なる願いを聞き入れて
私のマザー　太陽が
彼らを遣わせてくれました。
みめかたちを、マザーの似姿にして。

あなたたち人間は
私の大切な子どもであり
この星の
生きとし生けるもの　みんなを護る
ガーディアン役でもあります。

とても偉大で
創造性に満ちた
尊い存在です。

どうぞ　一緒に　ついてきてください。
強い心と　朗らかな心をもって
虹の橋を　渡りきってください。

私はいつでも　ここにいます。

あなたを見守り　ここにいます。
あなたと共に　ここにいます。

愛より生まれ　愛を生き
愛へと還る　愛しき子らよ。

みこころ　磨いて　進まれますように。
まなこを　開いて　歩まれますように。
すべては　愛より　出ずるなり。
すべては愛の　変化《へんげ》なり。

あなたを　心から　愛しています。

我が子を出産したときの不思議な体験

うーん、そうかぁ……（しばし、ボーッとする私）。

今起こっていることは、新しいステージへと移行する、地球の生み出し（膿出し？）プロセスだったんだ……そう思いながら、眼を閉じていると、いつのまにか、心は、我が子たちを産む、出産のときの様子を思い出していました（私には三人、子どもがいます）。

確かに出産って、いのちがけだったよなぁ。お腹に宿した以上は、出さないといけないし……。人は気軽に、みんな産んでるから大丈夫よ、なんていってくれるけれど、やっぱり我が子を抱くまでは、怖かったなぁ……。

特に初めての出産のときは、痛みの途中で、一瞬、気を失ったこともあったよなぁ、とすっかり回顧モード。そうしているうちに、二人目の子を出産するときに体験した、産まれる直前に心の眼で捉えた、忘れられない映像を、思い出したのです。

眼を閉じて、浮かんできたのは、真っ暗な宇宙空間。私はその様子を、まるで映画のスクリーンを見るような感じで眺めていました。

ちょうど陣痛の痛みもマックスだったので、そのビジョンが見えたとき、（あれ？私、痛みで、感覚が、変になっちゃったのかな？）と、ふと思いましたが、とりあえずそのまま、心の眼で追うことにしたのです。

すると、今でもくっきりと覚えているのですが、漆黒の闇に覆われている空間であるにもかかわらず、そこには確かに、何かが「ある」。

まるでかくれんぼしているかのように、空間そのものの中に、ぴっちりと覆われているように、明らかなる気配を感じるのです。

そしてそれは「生きて」いました。

まるですべてのもとが、ぎゅうぎゅうに詰まっている、そんな感じです。

やがて、その真っ暗だった空間から、あちこちと光が出現して、それらの輝きは星々となって、まばたき始めました。

そして、気がつくと、空間の中央に、ポツンと、トルコ石の色をした光る点を見つけたのです！

蒼い宝石の色をした点が、あまりに美しかったので、そこに意識を向けました。

すると、よく見たことのある地球が、いきなり大写しで現れたのでした。

それは、意志を持っている、とても忍耐強い星のように見えました。

雲も、海も、大陸も、生きているように感じられました。

と、その途端、画面の右上から、鋭い一条の光が現れ、スーッと、まっすぐに、地球を目指して伸びていったのです。

流れ星？　いやいや、違う。中に、何かある？

光が地球に到達した瞬間、地球全体がボワーンと光に包まれ、発光しました。

一瞬の輝きではあったものの、その瞬間、私は味わったことのない至福感に襲われ、意識が飛んでしまったのです。

そして、ハッと！　気がついたとき、「ああ、そうだった。私は今、子どもを産んでる最中だった」と思いだし、慌てて、力を入れていきもうとしました。

すると、助産師さんが「あ、もうしなくていいのよ。生まれたから」というのでびっくり。

その途端、「おぎゃぁ〜」と勢いのよい産声が、産室いっぱいに響き渡ったのです。

新しい神話を創る旅へ

すでに20年以上も前の話ですが（笑）、当時のことを妙にリアルに思い出しながら、ガイアのメッセージを再び読み返してみました。

……そうかぁ。今度は、地球の出産みたいなものなんだなぁ。

こんなめったにないであろう、すごいときを、肉体を持ったまま体験できるとは……怖さはあるものの、宇宙規模の尊い体験に立ち会っていることは、間違いないなと思いました。

さて、今、私が思うこと。

それは、**私たち一人ひとりが、地球を照らす、一条の光だったのだ！**

ということ。

そうした自らが持つ、光の意識に気づき、目覚め、それを生きようとすればするほど、地球は輝き、本来の軽やかさを取り戻していくのだと思っています。

新しい地球の振動に気づくのが、この星の中の存在物で、どうやら最後になってしまった私たちですが、ホモ・サピエンス（知恵を持った人）の名のごとく、これから、知恵をフル活用して、仲間と共に、次のステージへと歩んでいきたいと思います。

いってみれば、まさに、私たち自身が、**新しい神話の主人公**なのです。

第二章

コロナウイルスの本質とは？

第一章では、現在置かれている私たちの状況について、今、何が起こっているのかについて記しましたが、第二章では、そのきっかけを作った主役ともいえる、新型コロナウイルスそのものにフォーカスし、瞑想の中で受け取ったウイルスのバイブレーションからくるお話を中心に、大胆な仮説に基づき、お話を進めていきたいと思います。

やり方としては、「地球」の意識と存在物コミュニケーションをしたときと同じように行いますが、もちろんアクセスする先は、新型コロナウイルスと呼ばれる量子場。このクオリア（感覚質）を読み取って、対話形式で言語化しています。

以下、Q&A形式で記していますが、コロナウイルスを人にたとえると、まだ少年のようなイメージでしたので、「僕」あるいは「僕たち」といった一人称で記述させていただきました。

新型コロナウイルスとの意識対話

Q　新型コロナウイルスさん、あなたって何者かしら？

A　一つの生命体であり、意志と意識を持つ純粋知性だよ。

君たちの世界の言葉でいうと微生物の一種なんだけれど、とても小さいミクロの生きものさ。

Q　いきなり聞くけれど、あなたはいつ、いなくなってくれるのかしら？

A　わぁ、いきなり直球の質問だね。

その質問には、ちょっと前置きが必要かな。

というのは、僕たちは量子的フィールドの中に同時に存在していて、そこには、いくつものプログラム（平行現実）が同時進行中で上映されているんだ。

で、実際に、どの現実が現れるかは、どの現実を君たちが選択するかによって違ってくるんだ。

具体的にいえば、あっさりいなくなる「未来」もあるし、だらだら続く「未来」もある。もしくは、一旦収束してからまたパワーアップして戻ってくる「未来」も、ある。

すべては同時進行だから、どうとも答えられないよ。

どの局面を「現実」として表すのかは、君たちが持つ意図と関心の度合い、そして放っている周波数の状態で決まるから。(ちなみに僕も周波数的存在だよ)

Q　じゃあ、なぜあなたは今、ここ(地球上)に現れたの?

A　それは明快さ!　人類の意識を引き上げるためにやってきたよ。

Q　……引き上げるっていったって、あなたが身体の中に入ることによって、亡くなる人もいるんだよ。

A　それは、生物学的な死のことをいってるんでしょ。
肉体は脱いでも、魂は不滅だって、君も知っているじゃない。

ただ、活動する次元が変化していくだけだから。

これを機に、もうそろそろ、君たちがしがみついてきた死に対する観念を変えてもいい頃じゃない?

Q　う〜ん、まいったな。あなたにそんなこと言われるとは思ってもみなかった。

A　うん。僕たちは純粋知性の表れだからね。

集合知として存在しているので、自我はないんだ。

微生物たちって、皆、そうした存在として、世（地球）に現れて天のお仕事しているんだよ。

その中には、君たちの言葉でいうと、「良い仕事」をする微生物もいれば、「悪い仕事」をする微生物もいる。

僕の担当は「悪い仕事」のほうの役だけどね。

けれど、単純に「良い・悪い」って決められないんだよ。

実際に僕が現れたことで、地球人の多くが、ずっとしたいと思っていた願いを、かなえてあげたでしょ。

Q　えっ？　何をかなえてくれたわけ？

A　ゆっくりすることとか、いっぱい寝られることとか、家族と一緒に過ごすこととか、ね。それから、君たちが身体という偉大なる贈り物に、気遣うようになったのも、僕のおかげかな。

しかも、君たちが住む地球が、どんどん元気になってきているし。

Q　うーん、確かにそうだけど……。けれども、あなたが来たことで、困っている人もたくさんいるのよ。健康を害したり、経済がストップしたり、世界中が今、大混乱しているの。

A　じゃあ、聞くけれど、僕たちがいない前の世界って、そんなに良かった？

それが君たちにとっての幸せだった？

たとえ、その世界が君たちにとっての最高だったとしても、家畜とよばれた動物から見た世界はどう？

ミツバチから見た世界は？　土や海や空の気持ちは？

……彼らの声に耳を傾けたことある？　だから僕が来ることになったんだ。

だって、行けって、いわれたんだもの。

Q え？ 誰に行けっていわれたの？

A 太陽だよ。

地球のお母さんみたいな星。

僕の意識はここで生まれた。

といっても実際は、僕が僕としてあるための意識の型（設計図のようなもの）が生まれた、っていうことなんだけれどね。

でも、容れ物がないと物質化できないから、地球上で意識が転写され、かたちとなったときは、とても小さくて軽い容れ物の中に入って、ウイルスとばれる微生物になった。

それにしても、人間の命名は、なかなかおつだね。

ちゃんと僕の名前をコロナにしてくれたってこと。

僕がどこから来たか暗喩しているみたいじゃない？

しかも新型だよ。ニュータイプ。これは僕のソース――太陽の紋章、でもあるのさ。

Q （……あまりに無邪気な答え方に戸惑いつつも）で、聞きたかったんだけれど、あなたがここに来るのを、地球（の意識）は、歓迎している？

A うん、もちろん。相当悩んだらしいけどね。

でも、いよいよ地球さんが、より高振動低密度の周波数の場所で、活動するって決心しているからね。だから、出来るだけ、多くの人間をそこにいざないたいんだって。

けれど、今のままでは、多くの人が濃密で低振動のフィールドの中に囚われていて、新しい時空が用意されているのを気づかないまま、同じマトリックスの場所をぐるぐるとループしちゃうので、僕が来ることで、気づきの機会を与える、っていってた。

Q ……はぁ、そうなんだ。じゃあ、次にあなたが持っている性質とはどんなものかし

ら？

A　OK！　僕は、ものすごく早く進化していくのが得意な生命体だよ。姿かたちを変えるのが上手。

　　で、僕には羽がないから、それほど飛べない。

　　でも、ある程度、意識をたもったまま、しばらくい続けることは出来る。

　　とはいえ、紫外線にさらされたり、殺菌されてしまうと、僕は意識を失う。ま、君たちの言葉でいうと、死んじゃう。

　　それから、僕は、ある周波数帯の中にいると、活動しやすくなるんだ。

　　どうやら、太陽ロゴス（太陽たらしめている意識）がそのように仕組んでおいたみたい。

Q　**ある周波数帯って何？**

A　思い（想念）の周波数だよ。思いも立派なエネルギーだからね。

　　どんな思いかというと、不安や心配、怖れといった感情。

　　その波を受け取ると僕の周りにあるトゲトゲが元気になる感じだよ。

第二章
◇◇◇◇◇◇◇
コロナウイルスの本質とは？

Q　ちょっと待ってよ。だったら罹患《りかん》してしまった人は、不安や心配をたくさん出してしまった人だってこと？

A　もう、早とちりだなぁ。別に、そういうわけじゃないよ。
その感情を出してなくても、かかるときはかかるのさ。

実際、僕がその人の中に入って生き延びるかどうかは、僕がその人の中に侵入していくという経験が、その人の魂にとって必要な経験であるとわかったら、僕は入る。

だって、その人の深いところから、どうぞっていわれるからね。

そうして初めて、僕はその人の中に入って、僕の本能をまっとうするんだ。

Q　でも、やっぱり、勘弁してほしい。そうするには、どうしたらいいと思う？

A　まずは、僕が活動しにくい環境をつくること。それは、外も内も一緒だよ。
特に内のほうは、君の身体の多くを占める微生物さんたちを元気にするといいよ。

すると、僕がお邪魔したくても、先客でいっぱいなので、玄関先で追い出されてしまうんだ。

それから、さっきいった不安や心配、恐怖……そんな周波数をいっぱい出されると、その周りに行きやすくなるから、なるべく減らしてね。

でもね、最も効果的な方法があるよ。

それは外側の僕のほうを見るんじゃなくて、内側にある僕のほうを見ること。
その中にあるものを、照らし出しちゃえば、あまり関係なくなっちゃうんだよ。
つまり、見える時空が変わるんだ。

Q　あなたの中にあるものって何?

A　ズバリ聞くんだね。じゃあ、ズバリ答えるよ。
僕の中にあるもの、それは太陽意識。
僕の内側には、僕という存在をデザインした側の想いが種みたいに入っているのさ。
そう、太陽の想いだよ。それを太陽意識という。

僕の中にある太陽意識のほうを照らし出されたら、もう、こっちのほうが強いからね。

表面にいる狂暴な僕の力は、急速にトーンダウンしちゃうんだよ。

Q　なるほど。で、太陽意識って、具体的にどんな感じのもの？

A　すべてを照らし輝かせる、光の意識だよ。

実は、君たちだって、持っている。みんなみんな持っている。

あるのに、忘れている人も多いけれどね。

Q　どうしたら、あなたの中にある太陽意識を照らし出せるの？

A　それには三つの段階があるよ。

どれか一つでもいいけれど、三つめまでいけると、もう完璧に照らし出されて、僕は、ここにいる必要がなくなるんだ。

つまり、量子の波に相転移して、いなくなっちゃうのさ。

なぜなら、そこで僕が僕として表れた目的が達成されてしまうからだよ。

で、三つの段階とはこういうこと。

①表面の僕ではなく、僕の本質である「太陽意識」のほうに眼を向ける段階。

②その「太陽意識」が、僕だけではなく、君の中にもあることを感じている、という段階。

③最後に、その「太陽意識」を、自ら輝かせながら、まわりを照らして生きる、という段階。

ま、こういう感じだね。

Q うーん、なるほど。まさしく太陽だわ。じゃあ、さらに迫って……「太陽意識」の本質って何？

A それは短い二文字の音さ。

もう、さっきから君の頭の中に浮かんでいるよね。

そう、「愛」さ。

「愛」がすべてを貫く公式ルールさ。宇宙の原理だといってもいい。

特に、地球は、愛を学ぶ学校だからね。

まもなく地球は、もっと軽やかな時空に存在のあり方を移行して、「愛」をそのまんま、表現する星となる。

その伝達者として、僕はここにやってきた。

君たちが、心の底から、「愛」を中心に生きることを決めたとき、僕は、星（太陽）へと戻る前に、喜んで、君の頭上に乗る黄金の王冠（コロナ：英語では王冠という意味も持つ）となって、君の門出を祝福するよ。

そして君は、自らの灯りをたよりに、次の時空にある地球へと向かう。

そう、愛の星、地球さ。

じゃ、健闘を祈るね。話せてよかった。バイバイ。

思ってもみなかった概念

以上が、瞑想の中で受け取った、「新型コロナウイルス」との存在物コミュニケーションの内容です。

実際は、このように話しているわけではなく、新型ウイルスの意識（表面の奥にある精妙な固有振動）から放たれている想いのかたまり（バイブレーション）を、なるべく正確に言語化しようとした結果、こうなったという感じではあります。

書き終わってから、私自身も、しばし茫然としてしまいました。なぜなら、私の表面意識では、思っていなかった概念が、いろいろと出てきたからです。

とりわけ、**新型コロナウイルスの本質が「太陽意識」である、**とこともなげに言われた（閃かされた）ときは、愕然としましたし、ウイルスが現れた理由（人類意識の引き上げ）が即答されたときも、ドキッとしました。

確かに、ウイルス進化説（進化はウイルスの感染によって起こるという学説）もあるほどなので、嘘ではないのかもしれませんが、あらためて、今の私たちが享受している現代文明の立ち位置について考えさせられることになりました。

もちろん、この話を一つのフィクションとして捉えていただくことも自由ですが、どうか、彼らが伝える言葉の奥側にある真意を読み取りながら、自らと深く、対峙していただければと思います。

あなたが放つバイブレーションの質を確実に上げる方法

ところで、対話の中で、ウイルスは、**「不安や心配、恐怖」の周波数の中で増幅していく**、というようなことを言っていましたよね。

なるほどそうか……という気持ちもありますが、とはいえ、今の状況を人間の立場から言うと、「そうはいっても、実際は難しい」のが現実ではないでしょうか。

なぜなら今の状況は、健康へのリスクに加えて、経済や仕事といった、暮らしの根本基盤のところまで、揺さぶられているわけですからね。よっぽど意識的にすごさなければば、あっという間にストレスマシーンになりそうです。

けれども、考えようによっては、そんな状況だからこそ、あえてこれらの感情に向かい合い、解放していく時期なのかもしれません。

私自身は、不安や心配、恐怖といった負の感情を解放する作業を、一つの「ゲーム」として捉えています。

どんなゲームかというと、感情転換ゲームです。

たとえば、「不安・心配・恐怖」の真逆を示す想念を考えてみるのです。

すると、おそらく、安心や安寧、安堵、愛、希望……など、さまざまな言葉が浮かんでくることでしょう。

その感情をイメージして、ビジュアル化までしてみることです。

空想の世界をリアルにするだけでも、自ら放っているバイブレーションの質は、確実に変化していきます。

そして次に、その感情をもたらすことが出来そうな、小さな一歩を行動として表してみると、さらにバイブレーションが上がります。

たとえば、自分のために、好きなお茶を入れるとか、好きな音楽を聴くとか。

ゆっくりお風呂に浸かったり、話せる友人に電話をかけるとか。

バイブレーションが上がるということは、自分が見ている世界が変わってしまう（異なるパラレルワールドに移行する）ということでもあります。

その結果、いつのまにか起こる出来事や、その質が変わっていってしまい、気がつくと、新しい現実が始まっているという世界の住人になっているのです。

感情を解放するワーク

参考までに、アメリカで活躍する人気カウンセラー、ペニー・ピアースが分類した感情の質をバイブレーションの高低で表したものを列挙しておきますね。

【感情の質とバイブレーションの関係】

波動　高い

愛・共感

寛大

歓び・感謝

情熱的

望み・動機

楽しさ

誠実

満足・信頼

失望

いらだち

疑い・不安

怖れ・パニック

憎しみ・拒否・怒り

罪悪感・恥

落ち込み・無関心

波動　低い

『人生を変える波動の法則』PHP 研究所　より

感情は、勝手に湧き上がってくる波のようなものなので、無理やり止めることは出来ません。けれども、望まない感情のまま、い続けるというのは、心身ともに疲弊してしまうので、やはり何もしないよりは、何かしたほうが良いでしょう。

なので、少しでも、気持ちが楽で楽しいほうの感情にスイッチ出来るよう、日常の中で出来るちょっとした小さなこと――深呼吸をしてみる、身体を動かしてみる、ベランダにでて新鮮な空気を吸う、うたた寝する、美味しいものを食べるｅｔｃ．……自分を愉しませる何らかのアクションを、意識的に行ってみる、というのはどうでしょうか？

なお、さまざまな感情の向かい方と解放の仕方、ものごとの捉え方については、近著『増量パワーアップ版　起こることは全部マル！』（ひすいこたろう・はせくらみゆき共著、徳間書店刊）のほうに、ワークブック形式で、詳しく書いておりますのでぜひご覧くださいね。

本書では、「起こることは全部マル！」の変化バージョンとして、今すぐ出来る簡単で効果的なミニワークを三つ、御紹介いたします。

◆ワーク１【だから何よワーク】……感情客観視のためのワーク

今の自分にとって、嬉しくないと思える気持ちや事柄が湧き上がってきたら、その言葉で呟いてみて、その後に「だから何よ？」と続けてみる。

例

あの人が嫌い。⇓ だから何よ？

将来が不安だ。⇓ だから何よ？

気持ちが晴れない。⇓ だから何よ？

このように徹底的に「開き直ってみる」ことをやるのです。このワークは、一見乱暴なように見えますが、自分の感情を客観視するのに役立ちます。

つまり、その感情が出来事の中に、どっぷりと浸かりながら、ドラマを展開している自分から、その感情を少し離れたところから見て、ドラマが展開されるのを観ている自分へとシフトしていく単純でパワフルなワークです。

◆ワーク2【心の消しゴムワーク】……感情解放のためのイメージワーク

(1) 不安や心配、恐怖など、自分にとって好ましくないと思える感情が湧き上がってきたら、それを黒っぽい雲（グレーでも黒でも、何でもＯＫ）にみたてて、心の中でビジュアル化する。
(2) 同じく心の中で、大きな、よく消える消しゴムをイメージする。
(3) 消しゴムで、心の雲を、ゴシゴシ消す。

この作業を、「雲」が湧き上がるたびにやるのです。多いときには、一日に何百回もやることもあるかもしれません。けれどもその作業を、何日か続けていくことで、本当に、雲が出てくる回数が減って、「晴天」のときが多くなってくるのですね。

しかも、私の経験ですが、やっているうちに、雲が出てくる気配を察知するようになり、いつのまにか、出て来る雲を心の消しゴムで消す作業から、出てこようとする雲をモグラタタキのごとくたたきつぶす！　という荒業へと進化したりもしました（笑）。

◆ワーク3【ビリビリワーク】……感情解放のためのアートセラピーワーク

必要なもの：紙とペン、もしくはトイレットペーパーと筆ペン。

(1)もやもや、イライラ、カリカリといった落ち着かない感情を、紙の上に転写する。文字を書く、というより、グルグルした線や、殴り書きの線など、感情の声を言葉に出しながら、紙いっぱいに、落書きをする。

(2)紙に向かって、大きく深呼吸して、溜まった感情を紙にフーッと吐き出す。（1〜3回）

(3)「ありがとう、さようなら」といって、紙をビリビリ破いて、ごみ箱に捨てる。トイレットペーパーに書いたときは（こちらは筆ペンのほうが書きやすいです）、同じく「ありがとう、さようなら」といって、トイレに流して（＝水に流して）完了！

コロナショックは地球の「国生み」の始まり!?

さて、この章の終わりに、ウイルスとの意識対話をしている最中に、ずっと脳裏の別画面で流れていたある物語のシーンを、あなたと分かち合って、さらに視点を広げていきたいなと思います。

それは、よく知られている古事記・上つ巻にある壮大なシーンです。

原文と読み下し文、そして私が書いた物語風の解説文を掲載することにします。しばし、神々の息吹《いぶき》と、日本語の美しい言霊の世界にひたってみてくださいね。

〈原文〉

於是天神、諸命以、詔伊邪那岐命・伊邪那美命二柱神「修理固成是多陀用弊流之國。」賜天沼矛而、言依賜也。故、二柱神立(訓立云多多志)天浮橋而、指下其沼矛以畫者、鹽許々袁々呂々迩(此七字以音)畫鳴(訓鳴云那志々)而、引上時、自其矛末垂落鹽之累積、成嶋、是淤能碁呂嶋（自於以下四字以音）。

〈読み下し文〉
是《ここ》に、天《あま》つ神 諸《かみもろもろ》の命《みことも》以《ち》て、伊《い》耶《ざ》那《な》岐命《ぎのみこと》・伊《い》耶《ざ》那《な》美命《みのみこと》の二柱《ふたはしら》の神に、「是《こ》のただよへる国を修理《つくろ》ひ固め成せ」と詔《みことのり》して、天《あめ》の沼矛《ぬぼこ》を賜ひて、言依《ことよ》し賜《たま》ひき。故《かれ》、二柱《ふたはしら》の神、天《あめ》の浮橋《うきはし》に立たして、其《そ》の沼矛《ぬほこ》を指し下して画《えが》けば、塩こをろこをろに画き鳴して、引き上げし時に、其の矛の末より垂《しただ》り落ちし塩の、累《かさな》り積りて島と成りき。是《これ》、淤能碁呂《おのごろ》島《しま》なり。

〈物語風の解説文（みゆき作成）〉
そこで天つ神（高天原の神々）たちは、いざなぎのみこと、いざなみのみことのお二人の神に向かって、申されました。

「どうか、まだ整ってはいないこの場所（下界）を、をしっかり修《つく》り調え、固め成しませ」

そう命じられたのでございます。

そうして天つ神たちは、特別な矛《ほこ》――「天の沼矛《あまのぬぼこ》」を、いざなぎ、いざなみの神にお授けになられました。

すると、天から大きくかけられた虹――天の浮橋がかけられましたので、お二人の神様は、天の浮橋へとお立ちになり、そこからまだもやがかかって、混とんとしている下界を見おろされました。

そして、あまのぬぼこを、を「えいっ」と突き刺して、勢いよくかきまわしてみたのです。

かきまわしたその先には、どうやら塩気を含んでいるようでした。

神様たちが、こをろ、こをろとかきならしていると、渦になっていったので、お二人は、あまのぬぼこをそこから引き上げたのでございます。

引き上げた矛の先からは塩水が、ぽたりぽたりと、したたりおちていきます。

ふと見ると、したたりおちた先には、その塩が、重なり積もって、島ができていたのでした。

その島が、おのずとごろごろまわる島――おのごろ島となったのでございます。

【地球大の国生みが始まる！】

このシーンは、古事記にある「国生み」の一節になります。

私はなぜだか小学生のときから、この日本の神話が大好きで、読み下し文の一部は、そらで暗唱できるほどハマっていました。

そのせいかどうかわかりませんが、ウイルスと意識合わせしている最中に、ずっとこの一節（言葉）と物語のシーンが同時上映の裏番組のように、ずっと脳裏を駆けめぐっていたのですね。

ん？　何だこれ？　と思いながらも、意識は、ウイルスとの対話に集中していました。けれども、ある言葉と重なった瞬間に、頭からパチッ！　と火花が飛んだような衝撃をうけたのでした。

その言葉とは……「こをろ、こをろ」の繰り返し言葉。

いざなぎといざなみが、力を合わせて、あまのぬぼこを掻きまわしていたときに聴こえてきた音でもあります。

その音と質感が、まるで、新型コロナウイルスの名と重なるようにコーロ、コーロと聞こえてしまったのです。勢いよく暴れまわるコロ、コロナ！

その瞬間、私の心の奥の、パズルピースがカチッとはまった感がありました。

ああ、やはり、今起こっていることも含めて、これは、**神の経綸――大いなるもの、天の御心《みこころ》のうちに、すべてある**ことなんだろうな、と。

次に、この一節を、少し理屈っぽくはなりますが、読み解いてみます。

愛の厳しい側面として

『天地の始まりを告げる、天の御中（あまのみなか＝宇宙の中心、ゼロポイントフィールド、根源、無）から分かれ分かれて、天つ神となった神々の（根源の想いが拡がって創世されていった森羅万象の奥にある見えない力、作用）をもとに、天つ神の重要な神となった伊耶那岐と伊邪那美。

その神々の名を、物理現象の言葉としてとらえると「いざな（う）キ」（気、エネルギー、波動性）と、「いざな（われる）ミ」（身、物質、粒子性）になる。この作用が相関し合うことで、見える宇宙が整っていく。

神々（森羅万象の働きの奥にある見えない力、作用）は、天の浮橋を渡って（高次元領域から、低次元領域まで次元を落としていって）、物質性の宇宙となり、渡された天の沼矛（天の意が入っている矛＝宇宙の摂理のままにorゼロポイントフィールドが持つ振動を内在した）を使って、その宇宙をぐるぐるとかき回して、まず渦を創った（天の川銀河が出来た）。

次に、その渦をよくかきまわすことで、おのずところころまわる島――おのごろ島（自転する島）、すなわち「地球」を見出したのである』

いってみれば、**コロナ禍というのは、根源が持つ資質——愛（天意《あい》）が持つ、厳しい側面の顕れ**ではないかと思うのです。

いわば、**鬼の顔した仏の到来**とでもいうのでしょうか？


なかばなかばの気持ちでは、ぷいと飛ばすぞ、お覚悟あれ。

みこころみがき、たまみがき、まことのみちを歩みたし。

うれしたのしで　歩みたし。


ふと、内側から、こんな声なき声も聴こえてきましたよ。

今、表れている事象を通して、私たち、人類すべて平等に、気づきの機会が与えられています。

しかも、すべての活動を停止させて、自分を見つめる時間をくれるという自習タイム付きで。

こうして、いまだ完成途中にあるおのごろ島であるこの星を、さらに向上させようと、修理固成していく「みこと（命）」たちは、おのおのの命名をいただいて、今、この次元に身体をもって存在しています。

そんな尊き神の子孫って誰？

それは、私たち一人ひとり。

私たち自身が、神の時を生き始めるときなのです。

世界は未だ、混とんとしていて、固まってはいません。

国生み、国創りはまだ道半ば。

天の御心を内に秘めた、天の沼矛を背骨にいだき、

嬉し楽しで進んで参りましょうね。

第三章

これから何が起ころうとしているのか？

パラレルワールド——どの未来が現れるか？

この章では、これから起こるであろう可能性と未来について、パラレルワールドの観点も踏まえながら、記していきたいと思います。

ちなみに、**パラレルワールドとは、ある時空から枝分かれして、それに並行して存在する別時空の世界のことを表す概念**で、日本語では、並行世界、並行宇宙、並行時空とも呼ばれています。

理論物理学の世界でもその可能性については語られており、かのホーキング博士の最後の論文も、パラレルワールドの存在証明に関するものでもあったのですね。

世界は、一つではなく、無数にあるのだということ。多元的宇宙（マルチバース）の中で、たった今、同時に起こっている、別時空、別振動にあるもう一つの現実。これがパラレルワールドを支える概念であり、私自身は、数十年前より、ずっとこのパラレルワールドの考え方を採用していました。

……というか、その世界を体感しながら暮らしていました。

今、この瞬間の中にある、無数のリアリティ。

どの時空が現れるか（どの波を選んで粒としてみるか）は、自らの固有振動が放つ世界（時空）でそれぞれ異なっており、しかも、それは瞬間瞬間、微妙に異なっている。

なぜなら、時間という概念そのものが、意識が創った発明品だから、……というのが私が捉えている時空（世界）の見方です。

少し小難しい言い方になってしまったので、簡単に言うと、

「世界って、決して一つなんかじゃなくて、たくさんあるんだよ！

どんなバリエーションも存在していて、その中の一つひとつすべてに自分がいるよ」

ってこと。

つまり、異なるバージョンの自分と世界が、たった今、別の時間軸と空間の中で、同

じように暮らしていて、基本的には、それぞれが関わり合うことがないため、その存在にほぼ気づくことはない、という世界なんです。

では、それらのどのバージョンの自己と世界を表すか、ということについては、**「たった今」自分が、どんな周波数を発振しているかにかかっているのです。**

周波数自体は波動性ですが、それを観測したとたんに粒子性になるため、物質世界として捉えることが可能です。

正確にいうと、私たちが出す周波数は毎瞬、少しずつ異なっているため、実際は、同じ自分が続いているわけではなく、ちょっとずつ異なる時空にいるパラレルな自己が、パッチワークのようにつなぎ合わされ、一貫した自己として認識されている、というわけなのです。

私たちが通常、一つの過去から現在、未来へと、直線的な時間認識の世界の中で生きており、当然、記憶も一つの決まったものとして認識されています。

しかしながら、時間の真実の姿は直線ではなく、非局在性として「時間のない世界」、あるいは「同時多発的にたくさんある時間」の中で、さまざまなストーリーが同時展開されていると考えたほうが、より自然なのです。

とはいえ、脳の認識機能は、一貫性のある自己と、整合性のある現実を採用するようにできているため、私たちは今まで、何ら疑うことなく「時系列に沿って、一個の現実と一つの自己が今へとつながる世界」を観ていたんですね。

21世紀を迎えている現在、私たちが近い将来、飛び越えていくであろうパラダイムシフト――認識が180度変わっていく世界――は、こうした「時間」とは何か？　の再認識ではないかと私は考えています。

あなたが創り上げる世界は？

つまり、**時間は直線ではない、**ということ。

時間が持つ本質的な姿は、過去も未来もなく、あるのは「永遠の今」のみである、ということです。

もっというと、その永遠の今の一点の中に、無数の過去と無数の未来が集積されていて、私たちの「意識」がその都度、それらのどこかに所属しながら、瞬間瞬間、時間と空間のある世界を創り上げていたのだ、ということになります。

というわけで、私が今、最も伝えたいこと。

それは、これから起こりうるであろう未来は、決して確定しているわけではなく、「たくさんの未来」が、まだ体験していない現実として横たわっているよ、ということ。

そしてそれは、**たった今、あなたの意識が何を選び、行動するかで、どんどん変わっていくのだ、**ということをお伝えしたいのです。

私たちは、時空を旅するサーファーのような存在です。

たった今、同時同刻にある別振動で存在する自己――パラレルセルフ（102ページ参照）と、今の自分を重ね合わせ、移行することで、スーッと新しい現実に飛び込むことが可能です。
こうして、自分にとって望む波をつかまえながら、時空のサーフィンを楽しみ、望みの世界を表していってほしいと願っています。

では、ここからは、直観で受け取った集合意識の波＋データ＋さまざまな情報収集から得た、今後起こりうるであろう近未来について四つの観点から、記述していきたいと思います。なぜ、先にパラレルワールドのことを書いたかというのは、読み進めていただければ、わかります。

1 コロナ禍の収束について

【コロナ禍はいつ収束するのか？】

新型コロナウイルス感染症が持つ、潜伏期間の長さや無症状感染者の多さ、ウイルスが持つスピードのある進化能力のことを思うと、感染の終息するには、かなりの時間がかかるのではないかとみています。

ワクチンもいずれ開発されるとは思いますが、早くとも2021年の初夏以降になることと思われます。

感染症の終息については、おそらく、完全終息自体は、SARSやMARS、エボラ熱といった近年の感染症と同じで、完全根絶はしない可能性が高いと思います。

ただ、流行のおさまりは来るはずなので、そうした意味では、一旦「収束」に向かってくるとは思います。時期としては夏頃かもしれません。

ただ、秋から冬にかけて、もう少し強力になった第二波、そして来年以降、第三波の流行がやってくるかもしれません。(大正時代にはやったスペイン風邪の流行は、3年かけて3回の波がありました)。

今後の新型コロナウイルス感染症の展開ですが、季節性インフルエンザ同様、確かに脅威ではあるけれど、このままでは経済が立ち行かなくなるので、一定数の犠牲も仕方ないことと受け止め、通常生活を営んでいく、という流れになるのかもしれません。

つまり、コロナありきの、ウィズコロナの時代を生きる、ということです。

ただ、私が少し懸念しているのは、今よりもさらに強力な、別の感染症が出てくる可能性も十分あるだろうということです。

もちろん、そんなパラレルは望んでいないので、あえて意識をフォーカスしないようにしていますが。

いずれにしても、今後しばらくは（3〜4年か？）は、人生の中で、実に「たくましさ」を求められる時期が続くとみています。

【コンピューターにたとえてみる】

と、ここまで書いてはたと気づいたのですが、私たちが使っているパソコン。そのコンピューターに脅威を与えるプログラムも、同じ名前――「ウイルス」ですものね。

そこで、コンピューターの場合、そうしたウイルスが侵入しないように、よくやっていることは何でしたでしょうか？

そう！　**アップデートです。**

しょっちゅうアップデートを繰り返しながら、バージョンアップしますでしょ。私は人も、それと同じじゃないか、と思ったわけです。

つまり、バイオコンピューターと呼んでもよい、私たちの精妙なる身体と心、意識も、どんどんアップデートを繰り返して、バージョンアップを図っていけばいいのではないかと。

たとえば、働き方や学び方のスタイルが、突然オンラインに切り替わったり、仕事の見直しをはかられたりと、思いもかけない変更や強制終了のような出来事が、これからも起こってくることでしょう。

けれどもそれを憂うのでもなく、拒むのでもなく、むしろアップデートのためのプログラミングが発動したと思って、どんどんバージョンアップしていくんだよ！　ということなのかなと感じたんですね。

というわけで……We are updating now！でいきましょう。

2 経済について

【世界恐慌の始まり？】

すでに多くの人が感じているように、今、起こっている経済への打撃は、相当深刻なものとなりそうです。

十数年前にあったリーマン・ショックは、100年に一度の経済打撃といわれていましたが、今回のリセッション（景気後退）は、半年かけて後退したリーマンショックの、わずか六分の一の時間、つまり1カ月間でリーマンショック並みの落ち込みとなってしまいました。

この規模はまさしく、世界恐慌の時代が始まったことを意味しています。

しかも今回は、リーマンショックのときに深刻な打撃を受けた金融経済（金利や取引などといった資産移動に基づく利益と経済のしくみ）フォームの終わりだけではなく、むしろそれらのもとになっている、実際の経済を支えている仕組みのほう――実体経済が、よりぼろぼろになっているのです。もうこれは、説明するまでもなく、自分の周辺で現に起こっていることでしょう。

現在、そうした混乱が世界レベルで起こってしまっていますから、事態はより深刻なものとなります。

このままいくと、おそらくは、産業革命以降、400年にわたって成長をし続けた資本主義体制そのものが終焉《しゅうえん》を迎えていくことになるでしょう。

このことを、自分たちにより身近な一言で言うとどうなるかというと、「みんな貧しくなる」ということです。

ごく一部の人を除いて、ほとんどの人の収入が何割か下がって、暮らしにゆとりがなくなります。

そうなると、生活していくことに精一杯になるので、今まで謳歌出来ていた当たり前だと思っていたこと――旅行や外食、コンサートやお芝居、ハイブランドな買い物……

が難しくなり、皆、生きるのに必死、といった世間の空気になってくると思います。

とはいえ、政府もこのまま放ってはおかないでしょうから、おそらく社会的には、ベーシックインカム（すべての人に毎月、一定額を給付する制度）の導入といった流れになっていくのではないかと思っています（おそらく、世界的にそうなると考えられます）。

【預金封鎖やハイパーインフレの可能性は？】

これから、個人事業主、中小企業を始め、多くの企業や店舗が事業の大幅な縮小や廃業、もしくは倒産に追い込まれてしまう可能性が高いです。

もちろんそれは、大企業でも例外ではなく、おそらくは、「えっ？」と思うような大企業も、倒産してしまうことになると思います。

その中には銀行も、一部含まれていることでしょう。

というのは、不渡り債権を抱えたりデフォルトしてしまった企業と取引していた銀行は貸付金を返してもらえず、経営難に陥ってしまうからです。

もし、そのような噂――「あの銀行、危ないってよ」といった話が一旦、広がってしまうと、その銀行に預けている人は、皆一斉にお金を引き出そうとします。

……となると、最悪の場合、政府の政策として、預金封鎖（一日に引き出せる現金が制限されてしまう）をせざるを得なくなり、金融経済の悪化も、実体経済と同じように、一気に加速してしまうことが考えられます。

そして、その流れでいくと、考えられるシナリオとして次に起こるのは、ハイパーインフレです。

ハイパーインフレとは、お金の価値が下がっていくのに、物価自体がどんどん上昇してしまうという現象で、実際、戦後間もなくの日本に起こった出来事でもあります。

当時は、金融緊急措置として、新円切替、預金封鎖、厳しい出金制限や資産課税による国の借金の返済などによって、ハイパーインフレの状態から抜け出しました。

もちろん、そんな状態まではならずとも、現在、世界規模のリセッションが急速に進んでいること、そして世界の流通システムが停滞し、お金とモノの循環が上手くめぐっていない状況なので、このままいくと、品薄と物価上昇が両者揃ってやってくる可能性があります。

【食糧危機が起こる？】

とりわけ、今私が憂慮しているのは、「食糧問題」です。

実際、2020年4月3日に、国連の専門機関（国連食糧農業機関・世界保健機関・世界貿易機関）が、「このまま感染症の猛威が収まらなければ、世界的な食糧不足が発生する恐れがある」との警告を発しています。

現在、世界の多くの国々が、感染症防止の観点から国境封鎖の政策をとっていますよね。もちろん段階的に解除されているところも出て来てはいますが、貿易とサプライチェーンが元どおりの状態まで回復するには1～2年はかかるといわれています。

すでに食糧に関しては、自国優先の措置をとっているため、多くの国々は、作物の輸出制限をかけています。

そんな状況の中、もともと食糧自給率が37％（カロリーベース）しかない日本は、どのように立ち回っていけばよいのでしょうか？

ちなみに、平成30年度に発表されている食糧自給率は、アメリカが１３０％、フランスが１２７％、ドイツは95％、イギリス63％となっており、日本は先進国の中では堂々の最下位（……！）。

とはいえ、米や野菜に関しては、ほぼ自国生産でまかなわれているので、そこはホッと胸をなでおろしてはいるのですが、大豆や油脂類、小麦、砂糖、果物、そして家畜の飼料などは、最初から輸入ありきで成り立っているのですね。

加工品などの多くの原材料となる作物が品薄となってしまうことで、今後、食料品価格全体が値上がりしてしまう可能性が、十分考えられます。

……と、このような内容を淡々と伝えてしまうと、「はぁ？　ちょっと待ってよ。収入も減って大変なのに、物価も上がり、食べ物を買うにも困る時代が来るってこと？いい加減にしてよ」と、怒りと不安の気持ちをさらに増幅してしまいかねないのですが、直観で集合意識の波をじーっと読んでいると、そのマトリックス（事象を表す母体となるエネルギーフィールド）が、わりと色濃くあるなと、どうしても感じてしまうのです。

【現象化のしくみとは？】

ちなみに、現象化のしくみというのは、社会で起こることは、一人ひとりが放つ想念の集合体――「集合意識」の波が、現象化の母体となる雛形……マトリックスを形成して、起こる可能性の場をつくります。

そして、最終的にそれを表すかどうかは、集合意識のハイヤーセルフ（個人における高次の自己が、集合体となって存在している意識のフィールド）がＯＫサインを出して、現象化していく、という感じです。

こんなことを書くと、ハイヤーセルフは、「悪いことを起こすこともオッケーしてしまうの？」と思うかもしれませんが、高次の自己の望みはただ一つ――魂の成長ですから、その出来事が、それぞれの人にとって、魂の成長へと繋がる出来事であるならば、正否・善悪といった人間的判断を超えて、許可します。

もちろんこれは、個人においても同じしくみをもって現象化します。

ということは、裏を返せば、いかに、日々、どのような想いをもって暮らしていくか、というのが大事になってくるのですね。

そして、**「魂の成長」というのは、必ずしも、苦を通して成長する必要はなく、楽に優雅に成長していくというコースもあるのだ、**ということを覚えておいてくださいね。

というのは、私たち人間は、あまりに「支配とコントロール」の世界の中が長すぎて、その中で成長することに慣れすぎてしまったので、私たちが抱いている集合意識は、「苦しみや悲しみ、膨大な努力や忍耐を通してでしか、成長できない」と勘違いしてしまっている向きがあるようなのです。

内なる叡智は、繰り返し、それは一つの「固定観念」にすぎず、それ以外の成長の仕方、魂の経験値を積む方法がいくらでもあることを知ってほしいと願っているようです。

【生きているだけで丸儲け】

さて、話を元に戻しますね。食糧問題について、です。

今、あなたが出来ることとして具体的な提言をしておきます。

それは、まだモノが豊富にあり、価格が安定しているうちに、必要なもので腐らないものに関しては、今のうちにある程度、買い置きしておいたほうがよいかもしれないということです。

防災の観点からも、それはお勧めします。もちろん、買い占めはよくないですが、今後のさまざまな流れに柔軟に対処していけるよう、今から戦略的備蓄をしておくとよいと思います（オマケ：我が家は、米・味噌・醤油・麹・油・雑穀を普段より多めに買っています）。

このように、これから経済は嵐ともいえる中に突入していくと思いますが、たとえ職を失おうが、倒産しようが、物価が高騰しようが、私たちはちゃんと生きていけるし、それだけの力が備わっているのです。

「生きているだけで丸儲け」といったぐらいの気持ちで、その時々、出来ることを、一つひとつやっていきましょう。

特に日本人は、助け合ったり、思いやることの、得意な民族ですから、これからその真価を発揮することになるのだろうなと思っています。

皆で心を合わせて、この難局を乗り切っていけることを意図しています。

3 国際情勢の変化

新型コロナウイルス感染症に対する、各国の対応を見ていると、これは単なるウイルスだけの問題ではなく、次の時代を見据えた、覇権争いでもあるなということが見えてきます。

となると、ウイルス問題をきっかけに、今後世界の地図が変わってしまうことだってあるかもしれない危うさの中にいると思いますし、しばらくは落ち着かない状態が続く覚悟で暮らしたほうがよいと個人的には思っています。

具体的には、これからウイルスの出自をめぐる米中対立の激化や、中東との対立、中国の孤立化、紛争、限定的な核戦争、最悪の場合、第三次世界大戦まで……そのようなことが起こる可能性もゼロではないと感じています。

これも、パラレルワールドの観点からいうと、周波数と、意図と関心が選んだ選択の結果でもあるので、できるだけその時空が顕在化しないよう、一人ひとりの心のありようが、今までにも増して、重要になってくると考えています。

4 地球環境の変化について

まず、地球環境についてですが、今、太陽系自体が、天の川銀河の中を、秒速220キロ以上の速さで旅を続けていて、現在、コズミックダストの多くある電荷の高い領域を通過中のため、当然、その中にある地球も、影響を受けています。

つまり、地球という惑星自体が今、目覚めている状態——活動期に入っているため、これからも、地球レベルでの、さまざまな出来事が起こると予想されます。

もっとも、このパンデミックによって、地球環境は劇的によくなってきています。海がきれいになり、大気汚染が緩和され、オゾン層も修復してきています。そのことを思うと、本当に嬉しい気持ちになります。

とはいえ、地球がよりバランスを取り戻していくための活動も活性化すると思うので、感染症の問題だけではなく、火山活動や地震、水害、熱波、冷害、蝗害《こうがい》（バッタの害）、太陽フレアの可能性、あるいは原発による二次災害といったものなど、複合的に、冷静に観察しながら、暮らしておいたほうがよさそうです。

やはり私たちも、地球の元素から生まれた、地球の一部です。

決して切り離されているわけではなく、奥ではすべて繋がっていると感じながら、日常生活を過ごしていくとよいでしょう。

ここで、私なりのアドバイスをするとすれば、社会の情勢を含め、こうした外が騒がしい状況になればなるほど、内に入れ！　ということを真剣にお勧めしたいと思います。内に入るということは、**自分の内側を深く見つめよ、ということです。**

もっといえば、内なる神殿、すなわち自らの中にある、超意識、空、ゼロポイントフィールドと直で繋がり、そこから直接、おのおの情報を取ってほしいと思います。

それをすることで、自然と、今現在の集合意識は、どのマトリックスを顕在化しようとしているのか？　ということが、つかめてくるようになるのです。

わかりやすくいうと、何が現象として現れるのか、それはいつ頃でどこなのか？　また、その深き意図は何なのか？　ということが、瞬時に、かつホログラフィックに心の眼で観えてくるようになります。

このやり方は、「予言」とか「占い」、あるいは「チャネリング」といった質のものではなく、あくまでも内なる静謐《せいひつ》の中で、淡々と、事象の奥にある世界を見つめる、というたメタフィジカルな手法です。

今まで、禅やヨガ、宗教などで、修行を通して伝えられていたものですが、もう今の時代は、必ずしもそうした道を通らずとも、個人の気づきと意識の積み重ねで、感得することが十分可能です。

自身が持つ自我意識を離れ、高次の意識と自らの意識を重ね合わせれば合わせるほど、事象が生まれようとする元の世界に、アクセスすることが出来るようになります。

ぜひ、この機会に、内に入ること、内奥の神殿に入って直接情報を感得する、という訓練をしてみてください（具体的なやり方は127Pに後述しています）。

5 個人の暮らしと生き方の変化

さて、次は、個人の暮らしと生き方の変化について見てみます。

今、私が心の眼で捉えている世界を箇条書きで記していきますね。

・健康により注意をはかるようになる。暮らしの見直しが始まる。
・経済的な不安を抱える人が多くなる。
・多くの企業や商店が経営破綻となる。
・クラウドファンディングが盛んになる。
・セーフティネットの再構築、再編がはかられる。
・職を失う人、転職する人、新しい仕事を創っていく人など、仕事の見直しが行われる。
・ベーシックインカムが導入される。
・相互互助の精神としくみが育っていく。
・リモートワークが当たり前になって、会社へ行くという発想が薄くなる。
・一旦、リモートでのスタイルが確立すると、もう元には戻れなくなる。
つまり、リモートワークが当たり前になったり、必ずしも学校へ行かなくていい学びのスタイルが定着してくる。
・人は実際に会うよりも、オンラインで繋がるのが日常になってくる。
・三密をさけるために、会社や施設のリノベーションがはかられる。
・（感染リスクを考えなくてもいい）ロボットが働き手の中心になっていく。

・リアルより、オンラインでの娯楽が普通になる。
・キャッシュレス化が急速に進み、それに伴いお金の一元化も進む。
・AIがベースとなり、暮らしの仕方が一変する(自動運転や遠隔診療、ドローン運輸など)。
※この技術を支える、5Gの健康リスクについて、内なる叡智に聴いたところ、即答で、「それらの周波数の影響を全く受けないところまで、心魂体を調え、自らの周波数を上げてしまいなさい」とのことでした。(……!)
・家賃を払えなくなる人が続出して、都会から地方へと人が流出する。
・必要最低限のものしか買わなくなる(生活必需品以外は、買い控えるようになる)。
・ミニマムライフが始まっていく。
・農業をする人が増える。あるいは、家庭菜園など。
・車や家、モノがある幸せといった物質的幸福から、脱却してしまう。
つまり、多種多様な価値観へと、幸せの物差しが変わっていく。
・どんな指向性をもって生きているかで、二極化がますます進む。

こうして見てみると、大変なことも多くありますが、決してそればかりではないことも見えてくると思います。

私たちはまさしく、新しい扉（決して壁じゃないよ！）の前に、今、立っているということなのです。

未来を選び、また、選び直すこともできる

では次に、これから起こりうるであろう出来事を、パラレルワールド的な視点をいれながら、解説していきたいと思います。

パラレルワールドとは、前述したように、「すべての可能性の場が、そこに【ある】」と考え、少なくとも、選択をするたびに、別時空には、実際に選択をしていなかったほうの現実もあるとして捉えるものです。

たとえば、この学校へ行っていなかったら、とか、この人と結婚していなかったら、とか、この職場に入らなかったら……というように、そのときに選択していなかったはずの時空も、意識にはのぼらないだけで、実際は、存在しているのですね。

そしてそこには、それぞれに自分がいて、同じように生きて、暮らしが営まれています。この**もう一つの「現実」のことを、パラレルリアリティ（並行現実）とパラレルセルフ（並行自己）と呼びます。**

実際は、そのパラレルセルフやパラレルリアリティ——多数ある、異なる自己のバージョンと異なる現実は、個人だけではなく、個人が所属している社会や地球、宇宙といったスケールにおいても同じようにあるのです。

一例を挙げると、パラレルワールドの一つには、第二次世界対戦で日本が負けて、分割統治されているまま現在に至っているバージョンや、東日本大震災で、放射能の影響を受けて東日本にほとんど人が住めない状態になっているバージョンも、ちゃんと「ある」わけです。

けれども、今、私たちが認識している世界は、それを選んでいない世界の中にいますよね。いってみれば、それを経験することをしないと選択した分岐する宇宙――パラレルワールドの中に、存在しているということになります（そのことを思うだけでも、個人的には、なんとありがたい時空の中で、自己の体験をさせてもらえているのだろう、と思ってしまうのです）。

実際に、私のほうには、「なんとも奇妙な、つじつまのあわない記憶」として多くの人より、パラレルワールドを体験したと思われる報告が多数届いています。

寄せられた報告の中には、梯子から落ちて大けがしたはずなのに、途中の記憶がすっぽりぬけていて、梯子の横に普通に立っていたとか、確かに車をぶつけたはずだったのに、あとから見たらなんともなっていなかった。

紛失していたものが、数カ月後に同じ場所から出てきた、あるいは失《な》くしたと思ったお金が増えて出てきたなどなど、枚挙にいとまがありません。

私も覚えきれない程にパラレル体験をしているのですが、あまりにありすぎると、もういちいち不思議がることなく、「ああ、このバージョンのほうに切り替わったんだな」というような感覚で、捉えるようになりました（とはいっても、やはり時間軸がおかしくなったり、モノが空間移動しているのを見ると、驚くんですけれどね……笑）。

さて、このようにパラレルワールドの観点から捉えてみると、前述した「これから起こりうるであろう出来事」という世界も、個人と集合意識が選んだ並行現実の一つを体験している、という認識の仕方になります。

これを、直線的な時間軸の中で考えると、それは「潜在時空」の中に存在しているものなので、どの潜在的可能性が、顕在として現象化するかは、まだ、未確定である、ということになります。

また、非局在性の時間軸、つまり直線的な時間を超えたところから考えると、「今」という一点において、すべての「現実」が、同時同刻、多種多様に存在していて、そのどれもが現在進行形で展開中である、ということになります。

つまり、**私たちは、そのどれを表すかを、選び取ることが出来る。**

あるいは、選び直すことも出来る、ということです。

どの「現実」を顕在化させて観察することにするかは、私たち一人ひとりの意識の状態が肝要です。

ここはとても大切な概念なので、ぜひ知っておいていただけたらと思います。

次に、この概念を踏まえたうえで、人類の集合意識が選択している、「分裂する未来」について解説していきたいと思います。

分裂する未来

さて、今、あなたの日常の中で、こんな体験はありませんか？

・今まで、仲良しだと思っていたのに、急に話のかみ合わなくなった友人がいる。
・同じ日本語を話しているのに、何を言っているのか理解出来ない。
・同じ出来事に遭遇していても、出来事の捉え方が全く異なっている。

おそらく皆、あると思うのですが、そんな「ずれ」が、このパンデミック以降、さらに浮き彫りになっていると感じることはないでしょうか？

こうした現象を一言で言うならば、これが「二極化」ということになります。
実際は、二極化の流れの中で、多極化しているわけなのですが、まずは「二極化」について考察していきます。

私たちが所属している物質次元（三次元世界：直線的な時間を持つ世界）は、プラスとマイナス、男と女というように、表れの性質を二極に分けて考え、学ぶというステージを生きます。

そのため、二極性を通して、その違いから学んでいくことは、ごく自然な姿でもあるのですが、地球が新たなる時空で——つまり、分離ではなく統合された一なる意識の中で活動していくことを決めたときから、二極性を通しての学びに終止符を打たないといけない時期が来ているのですね。

けれども、私たちの顕在意識はそれを理解出来ません。

ですので、現象としては、今、起こっている都市封鎖や国境封鎖のように、**分断の極みを体験することによって、より「統合」された状態と意識とはどういうことか？**ということを一人ひとりのみならず、人類意識として理解していく流れが用意されているようです。

しかしながら、「統合」された意識とその状態を望まない魂たちも多数います。

なぜなら、分離の次元で学ぶことがまだ必要であると捉え、そこにいることを望んでいる魂たちだからです。

ところで、決して勘違いしてほしくないのですが、「統合」を選んだからよいor高いとか、「分離」を選んだから悪いor低いといった、うがった見方をすること自体、ナンセンスであるということです。

それは、たとえ口では、統合を選ぶといったとしても、実のところ、分離の意識にかなり引っ張られているというわかりやすい例でもあるのです。

この矛盾に気づかなければ、さらなるエゴと分離意識に引きずられてしまうことになります。

一人ひとりが問われている大きな選択の時期

さて、この二極を、感情の質で言い表すと、「愛」を選ぶか、「怖れ」を選ぶかの選択であると、言い換えることが出来ます。

愛は、喜び、感謝、自由、情熱、受容、真実、赦し、統合、創造といった概念と親和性があります。一方、怖れは、不安、我がまま、制限、無関心、拒否、虚偽、憎しみ、分離、破壊といった概念と親和性があります。

そうなのです。

今、起こっていることへの究極的な問いは、あなたは愛をベースにして生きますか？　それとも怖れをベースにして生きますか？　という選択を、一人ひとり、一瞬一瞬の中で、問われているということでもあるのです。

これは国家間や世界といった人類全体がかかわる大きな規模においても同様です。

今、起こっているウイルス禍を解決するすべを、それぞれの国独自で解決し、他の国を顧みない政策の中で進むのか、それとも、国境をやすやすと越えるウイルスに対して、国家や民族、人種を超えて、全人類を巻き込みながら一丸となって取り組むのかで、次に現れる世界の質が、ガラリとかわっていきます。

本当に、ピンチこそチャンスなのです。

ウイルスと呼ばれる、人類共通の「敵」を前にして、一つ（統合）になり、地球人類という人類意識が萌芽する契機となすか、それとも、より深い分離の中で、争いを続ける世界の中で、存在のあり方を示していきたいのかの、大きな選択の時期でもあるのですね。

小さなことから大きなことまで、すべては繋がっています。

「愛」をもって、統合された意識の中で、より精妙な意識の中にある地球――ノヴァテラに住むパラレルワールドを選択するのか、それとも「怖れ」をもって、分離された意識の中で、古い地球のままあるパラレルワールドを選択するのかという、二方向に分かれゆく時空の狭間のまっただ中に、今の私たちが居ます。

この言葉を、単なるスピリチュアル好きなお話として捉えるのか、それとも、日々の暮らしの中で、実際の選択の基準として実行するかは、すべて自由に、あなた自身で選択することが出来ます。

ちなみに、私たちが知っている人類史の中で、現在に至るまでの時期、少なくとも7000年にわたって今に至るまで、行動原理のもととなっている、慣れ親しんだ感情は「怖れ」のほうです。

そうした「怖れ」の感情は、支配と隷属によって分けられているヒエラルキーの世界では、実に使い勝手の良い道具として作用してきました。

またその感情を刺激することで、市場原理が活性化し、力こそ正義のグローバル資本主義が完成していったのでした。

怖れは、支配と競争を生み、限界と制限を生み出します。

そのため、一定の周波数の世界の中においてでしか活動できず、二極性の分離も加速し、正否や優劣、大小、愛憎、貧富といった分断ルールで物事がはかられるため、絶望も生まれるかわりに、希望や期待も多く生まれ、ドラマチックで濃密な世界を楽しむことが出来ます。

私たちの表面意識は、その次元にどっぷりと浸かりすぎているので、そもそも他の選択肢があることを知りません。

同時に、あまりに長い間、分離の次元を生きてきたので、そうした怖れをベースにした分離意識の中で「成功」することが、幸せであると信じて疑わないのです。

今も、ほとんどの人たちは、その中にいて、その中での幸せを享受しています。

もちろん社会システム全体がそのように機能しているので、異を唱えること自体、ナンセンスでもあるのですが。

目覚めの響き——ウェイクアップコール

けれども、自身の中にある、もう一人の自分——深い意識、魂の領域は、もうそろそろ、その次元から生きることを飽きてもいい頃なんじゃない？　と何度もささやくのです。

地球の進化にあわせて、また、太陽系ごとの、そしてこの天の川銀河全体のバージョンアップに合わせて、**地球に住む地球人たちも一緒についてきてくださいと強烈なウェイクアップコールを送っているというのが「今」なのです。**

このウェイクアップコールに応えて、物質次元の中に現れた存在の一つが、今、世間を恐怖に陥れている「新型コロナウイルス」でもあります。

地球も、太陽も、宇宙も、そしてもちろんあなたの本質も、鳴りやまぬ響きとして、ウェイクアップコールを鳴らし続けています。

もちろん、**この星は、自由意志の世界なので、どんな現実も選ぶことが出来ますし、**本当に、自由選択でもあるのです。

ですが、せっかくなので、しばらく体験していなかった「愛」をベースとして創られる世界——分かち合いと協力、互恵によってクリエーションしていく世界の醍醐味《だいごみ》を、この肉体をもって体験できるという一世一代のチャンスを、逃すのはもったいないと切に思います。

とはいえ、それを実行する、し続けるというのは、地球の「陣痛の時期」である今現在、なかなか大変なことでもあるのです。

すでにもう味わっているかもしれませんが、眼の前に現れている出来事が、見事に、「怖れ」を増幅させてしまうようなことばかり起こってしまうからです。

感染症への怖れや、家族関係の不和、お金の心配、仕事や将来の不安……、ぬぐってもすぐにまた、湧き上がってくるかもしれません。

その中にあってもなお、「愛」を選んで生きるということ、すべてを愛の発露とすることは、かなりハードルの高い実践であることは確かです。

それでもやる！　のです。

やると決めて、やりぬくのです。

それが出来ることを知っている魂――それがあなたという存在です。

今、私たちが置かれている状況を、地球の立場から語ってみると……まるで、子獅子を崖から突き落として、上がってくるのを、胸の張り裂ける想いで待っている母獅子のような気持ちで、

母なる地球――ガイアは、私たち一人ひとりの内なる目覚めを待っています。

次は二極の中から、さらに分化していく多極性の時空について、解説していきます。

二極から多極——無限の選択肢が広がっています

今、世界は、そして人々の意識は大きく袂《たもと》を分かち「愛」の振動数を放って表れるタイムラインと、「怖れ」の振動数を放って表れるタイムラインの二極の方向へと、「現実」が分化（分裂）している最中です。

これは単に二種類の時空の帯があるというわけではなく、大まかな方向性として、二手にベクトルが分かれていると、まずは捉えてみていただけないでしょうか。

そして、その方向の場所からは、まるで空いっぱいにまたたく星々のように、多種多様、無数無限の選択肢が広がっていて、その一つひとつに並行世界があり、ストーリーが展開されていく、というイメージです。

もし、人が同じベクトル軸である「愛」の時空を選んでいたとしても、一人ひとりの指向性やフォーカス具合、バイブレーションの高さや質によって、全く異なる世界が展開していきます。

もし、似たような考え方や行動、バイブレーションをもっているのであれば、より引き合いながら、増幅し、同じ世界を観る（体験していく）パラレルワールドの中を行くでしょうが、まるで異なる考え方を持って世界を見渡している人は、ほとんど関わり合うことなく、別のパラレルワールドに行き、さらにまた、そこから展開されるパラレルワールドに、メインの意識をおきながら進んでいくことになります。

こうして、ある程度距離のある（時空の異なる）パラレルワールドに属している場合、それぞれの人はどう認識するかというと「いつのまにか自分の世界からいなくなっている人」という認識になります。

これは、その人が「亡くなった」わけではなく、ちょうど私たちが、小学校のときのクラスメート全員の顔と名前を思い出せないように、いつのまにか、自分の認識している世界には存在していない相手ということになります。

もちろん、何かのきっかけによって思い出したときは、あなたの中で突如、「存在する人」となって浮き上がってくるのですが、やはり指向性の向きと振動数が違えば再び、記憶にのぼらなくなり、いつのまにか、あなたが所属する世界から消えていきます。

まるでSF映画のようですが、これがパラレルワールドの世界であり、私たちはたった今、自分宇宙というマルチユニバースの中から、意識と関心、フォーカスされた時空の宇宙を創造し、パラレルワールドを形成しながら、世界（宇宙）を瞬々刻々とつくっていくという壮大な物語を創り続けているのです。

集合意識が困難を選んだ今こそ、知っておいてほしいこと

さて、今現在に視点を戻していきますね。

今の地球人類――私たち一人ひとりがあつまった意識の集合体である集合意識が、「こうなるであろう」と無意識化で思っているタイムライン（時空の帯）があります。

それが、人類にとっては、けっこうハードだよな、と思われるようなタイムラインな

んですね。
もちろん、それ以外の選択肢がしっかりあることを強調しておきますが、やはり集合意識が織りなす力というのは、強烈です。

分断、カオス、カタストロフィー、創造と破壊……こうした概念に意識（顕在意識と潜在意識）が向かうことで、その時空のタイムラインが活性化していきます。
どの可能性領域をONにして、どの可能性領域をOFFとして表すかは、常に変化しており、この直線的時間の三次元の中で、どのバージョンとして表れるかはまだわかりませんが、どうしても知っておいてほしいことがあります。

それは、**一人ひとりが持つ意識の力は、集合意識に多大なる影響を与えることが出来る！**という事実です。

かつて、イスラエルの青年――ヨシュアが世界を変えたように、あるいはカピラ国の王子が世界を変えたように……。一人から始まる力を決して軽んじないでください。

私たち一人ひとりが鍵です。

私たち一人ひとりが愛を受け取る鍵穴です。

強さと優しさをもって、愛によっていかされる次元を生きるのです。

たとえ今のこのような状況の中にあっても、です。

すると、たとえ現在の集合意識がハードコースを選んでいたのだとしても、そこまで激しさのない、穏やかなルートへのコース変更は、十分可能ですし、たとえあなたが、望んではいない過酷な現実の中に追い込まれたのだとしても、個々の意識が選ぶ選択と、意識の量子的飛躍（パラレルジャンプ）によって、異なるパラレルワールドへと移行し、そこからまた分岐した世界へと、タイムラインが変わっていく、ということは十分ありえます。

もし、その間、大事な誰かと離れ離れになってしまったとしても、やがて「新生地球」のフィールドに到達したとき、「あ、お久しぶり！」といって、懐かしい再会を果たすかもしれません。

そのときを楽しみに、自分は自分の道を歩いていきましょう。

救世主は現れるのか？

ところで、今回のシフトは、残念ながら、誰かや何かが助けに来てくれるというシナリオは用意されていません。

もし、そんなことでもしようなら、行き過ぎた干渉となり、宇宙のルールに反してしまうことでしょう。

というわけで、空から救世主がやってきて……というSFっぽい、ドラマチックな展開は、おそらく起こり得ないと思います。

……というか、その救世主とは、いったい誰なのか？

を、見つけ出すというかくれんぼゲームの最中なのです。

えっ、誰？

もう私が何を伝えたいか、賢明なあなたは、とっくにご存じですよね。

そう、それは、あなたです。

あなた自身が、あなたの救世主となるのです。

時満ちて、あなたという聖なる神殿を通して、内なるキリスト、内なる仏陀が呼び覚まされます。

おのおのがそれぞれの救世主となった、自立した高次の社会が始まっていくのです。

さて、ここで視点を戻して、質問をもう一ついたしますね。

そもそもなぜ、パラレルワールドがたくさんあったり、その一つひとつに自分の分身がたくさんいるなんて、不思議に思いませんか？

それはなぜだと思いますか？

ヒントは「内なるキリスト」かな。


では、即、答えへと入りますね。

それは、私たちの存在そのものが、「内なるキリスト」と呼ばれる場所――仏教でいえば「空《くう》」と言われる場所――その可能性の顕現そのものとして存在しているから、ということになります。


その**「空」、「内なるキリスト」の意識が、「私」と呼ばれる体の中に入って体験しているのです**。そして、自ら創った創造の宇宙（時空）を一気にくまなく経験しながら（さまざまなバージョンとして体験できるように、ホログラフィックに自らの一部を投影しながら）、自らの素晴らしさを体験を通して感知しているわけです。

そうしたダイナミックな創造を楽しみながら、さらなる創造、進化の旅を続けている。

それが「私」の本当の姿なのです。

なので、一気に無数ともいえるパラレルワールドが創られ、そこにパラレルセルフという、たくさんの自己がいるんだよ、ということになります。

なんだか、壮大な話になってしまいましたね。

さあ、ここまで意識を拡大したところで、今度は、急速に意識の眼を縮小させ、「私」と呼ばれる個我の意識の中に舞い戻っていきましょう。

そこで、今、起こっている現象を、再び、見つめてみることをいたしませんか?

新しいタイムラインと接続する

それでは再び質問コーナーです。

どうぞ、内奥で、静かに感じてみてください。

足元にある地球、それはあなたと切り離された存在ですか?

今、世間を騒がせているウイルスは、あなたと切り離された存在ですか?

大事な誰かとはどうですか？
きらいな誰かとはどうですか？
海は？　空は？　鳥は？

そして、それらを創ったのは、誰ですか？
誰がそれをもたらしたのでしょうか？
星々は？
宇宙は？

あなたは……どこからきたの？
そして、あなたとはいったい……誰？

これらの質問に対し、意識を静めながら、心の奥で対話をしてみてほしいのです。
静謐な自己と繋がって、永遠の今の中に、自らを委ねてみてください。

そんな、「無」の沈黙《しじま》を、しばらく旅してから、
再び眼をあけて、世界をもう一度、見渡してみましょう。

今、あなたはどこにいますか？

今、あなたは何を感じていますか？


そこはおそらく、同じ「今」の中にありながら、より精妙な時空間の中に存在するパラレルセルフのあなたと重ね合わせられていることと思います。

その居場所こそが、新しい現実の創造であり、あなたは優雅に、そして軽やかに、新タイムラインと接続したのです。

こうして、時折、時空のサーフィンを意識的に愉しみながら、パラレルジャンプを果たしていきましょう。

新しい地球は、その延長線上にありますので。

◆特別ワーク1　自然界の気と加持感応する存在物コミュニケーションの方法

(1) 自分が心を合わせてみたい存在物の姿態をありありとイメージする。実際に触れたり、場所に行ったり、あるいは、写真や、心の中のイメージでもよい。

(2) 呼吸に意識を向けながら、眼を瞑り、心と身体の状態を落ち着かせて、意識を集中させる。

(3) 対象の存在物を思い浮かべ、そのものが発している空気や質感を丁寧に感じ取っていく。

(4) 受け取った感覚を、シンボルやイメージ、単語や文章などで表し、紙に書いておく。

(5) その紙を枕元に置いて寝て、これでよいかどうか、さらにメッセージはないかなど、高次のサポートお願いしておく。

(6) 朝起きたときの感覚や、インスピレーションに注目して再確認していく。

◆特別ワーク2　パラレルジャンプ（意識のクォンタムリープ）の方法

(1) 知る・認める……無数の「現実」が同時同刻の別次元で、パラレルワールドとして存在していることを知る、認める。

(2) 選び、なりきる……そのパラレルワールドの中から、望む現実のパラレルを選び出し、すでにその時空になっているがごとく、なりきって生きてみる。

(3) 上質な今を生きる……今、この瞬間に意識を向けて、今、出来ることをする。意識的に生きる。

第四章

今、何をしたらよいのか？

手洗い・うがい・免疫力！

2019年の末に中国・武漢から発生した新型コロナウイルス感染症は、またたく間に世界中へと拡がり、人々の生活を一変させてしまいました。

もっとも、世界レベルでみると、日本での感染者の推移は、他国と比べると比較的緩やかなカーブを保ったまま推移しており、なぜ、欧米諸国のような急激な増加をしていないのかということが、話題になっています。

もちろん、PCR検査の圧倒的な少なさというのも、その理由の一つではあると思うのですが、他にも考えられる理由として、日本人の生活習慣や文化的な違いも幸いしているのではないかと言われています。

一説によると、清潔好きな民族であること。海藻や緑茶、そして和食などの食習慣。挨拶等での身体的接触の少なさ。唾がそれほど飛ばない日本語という言葉の特質。病院好きな国民性とマスク好き（マスクをすることに、もともと抵抗感がない）。国民のほとんどがＢＣＧ接種済み（ウイルスの侵入をサイトカインを通して防御するとされる説）だった……等、種々の幸運が重なった結果ではないかと言われています。

それが本当かどうかは、後に検証、証明されていくことでしょうが、有効な治療法が見つかっていない現在、確かに出来ることとしては、やはり自らの免疫力を高めておくというのが一番確実な方法ではないかと思います。

考え方としては**「ウイルスに勝つ」ことを意識するのではなく、「ウイルスに負けなければいい」と意識を向けるとよいでしょう。**

そうすることで、意識が外に向いて、ますます不安が増大し、気分も体調も優れなくなるといった悪循環のサイクルではなく、意識が内に向いて、ウイルスに負けない心と身体の状態をつくり出すほうに集中できるからです。

免疫力を高める暮らしへ

というわけで、今、私たちがするとよいことを標語にして表してみました。

それは、手洗い・うがい・免疫力！　です（笑）。

もうすでに皆、きっと手洗い・うがい・咳エチケットというのは、やっていると思うので（外に出るときは、皆、マスクしていますものね）、最後に免疫力を持ってきましたよ。

ではさっそく、免疫力アップを促す生活習慣をご紹介いたしますね。


【免疫力アップを促す生活習慣】

・腸内環境を整える……発酵食品などを意識的にとって、腸内フローラを調えましょう。
・早寝早起き、ぐっすり眠る……まるで小学校の夏休み帳のような言葉ですが（笑）、やはり、生活リズムを整えることは大切です。特に質の良い睡眠は大事ですね。
・適度な運動をする……身体を温め、免疫力を高めるためには必須です。

意識的に身体を動かしたり、軽い運動を習慣づけましょう。
・質の良い食事……栄養バランスを考えた野菜中心の質の良い食事を心がけましょう。
・お風呂に入る……ゆっくりお風呂に浸かって、身体を芯から温め、ほぐしていきましょう。
・思いっきり笑う……笑いは百薬の長！　ニッコリ笑って過ごしましょう。

誰でも知っている当たり前のことばかりですが、やはり、知っているだけでは意味をなさず、実際にやってみる、やり続ける、ということが大切です。

余談ですが、私はもともと「自然流子育て」という子育て時の暮らしのスタイルを提唱していて（私が物書きとしてデビューした二冊目の本が1999年に出版した、『試して選んだ自然流子育てガイド』という本でした。懐かしい！）現在へと至っており、四半世紀にわたる健康オタク（笑）なんですね。

当時から、マクロビオティックから代替療法まで、わりと本格的に一通りやってみたのですが、今も続いている健康習慣として、これはやっぱりいいなぁと実感しているものを、六つほど挙げておきます。

ぜひ、やってみてください（スミマセン！　気分はすっかり近所のおばさんデス）。

▼腕振り体操（スワイショウ）

立ったまま、両手を前後に振る。

少なくとも、200回程度は振り続けることがいいとされていますが、簡単でラクなのは、自分の好きな曲をスマホでかけて、その一曲が終わるまで、振り続けるようにすると、ほぼ200回はクリアーしていますよ。これは、好きなだけ、何度でもどうぞ♪

▼歯磨きスクワット

歯磨きをしながら、ゆっくり下ろして、ゆっくり上げていくというスクワットをする。

習慣化することで、足腰が丈夫になり、疲れにくくなる（家族には、たぶん、笑われます）。

▼逆腹式呼吸

①ゆっくりと鼻から息を吸い、肛門を締めるようなイメージで、息を吸って、お腹を凹ませる。

②息を吸い切ったら、静かに鼻からゆったりと息を吐いて、お腹をゆるめていく。

③リラックスをしながらこの呼吸法を数回繰り返してみる。

（私が瞑想するときや、落ち着きたいときは、だいたい、この呼吸法です。「下腹のポッコリ」にも、効果的ですよ！）

▼あいうべ体操

口呼吸を鼻呼吸に改善していく簡単な口の体操です。福岡にある病院のお医者様が考案されました。あっという間に出来て、呼吸も深くなるのでお勧めです。詳しく知りたい方はネットで調べてね。

〈やりかた〉

大きな口で「あ～」、横に思いきり口をひろげて「い～」、口を前に突き出して「う

～」、最後に、舌を根元から突き出して、下におろしたまま「べ～」と言うだけ！
※声に出しても出さなくてもＯＫで、１日30回程度やって、繰り返すとよいとされています。

▼麹のある暮らし。

酵素の力で腸内環境をよくして、消化吸収を助ける麹《こうじ》は、日本人にとって、最も使いやすくて馴染みのよい「発酵食品」だと思います。

味噌・醤油・納豆といった発酵食品の他にも、簡単にできる手作り発酵食で、あなたと家族の発酵（発光）ライフを愉しみましょう。

例１：塩＋水＋麹で、塩麹をつくったり、お醤油＋麹で、醤油麹をつくって料理に使う。

例２：炊飯器などで甘酒をつくる。
ちなみに我が家では、固めの甘酒をつくっておいて冷凍庫にいれ、それを砂糖の替わりとして使っています（ほぼ、砂糖なしの生活です）。

例3：野菜麹をつくって、ドレッシングや料理に使う。

・玉ねぎ麹　玉ねぎのすりおろし（200g）＋水（大さじ2～3）＋塩（10g）＋麹（50g）をよく混ぜてラップをかけ、一晩おいて発酵させてから使う。

・生姜麹　おろし生姜（20g）＋水（200㎖）＋塩（10g）＋麹（50g）をよく混ぜてラップをかけ、一晩おいて発酵させてから使う。

（参考本：『胃と腸を調える食べるくすり「やさい麹」』関由佳著・アスコム）

▼小食・快食を心がける。あるいはプチ断食をしてみる。

食べ過ぎないこと、心地良くいただくこと。時々、1日～3日ほど、「食べない贅沢」で、プチ断食をして、心と身体の大掃除をしてみることもおすすめです。

（参考本：『「小食・不食・快食」の時代へ』はせくらみゆき・鳴海周平著・ワニブックス）

免疫力を高めて、丈夫な身体をつくることは、新型コロナウイルスに負けない身体をつくるだけではなく、100年時代の人生を思う存分全うするためにも、一番ベースとなる、大事なことですね。

とはいえ、「健康」が目的ではなく、あくまで「健康」は気持ちよく、幸せに生きるための道具・手段だよ、ということは頭の隅にちゃんと入れておいてくださいね（↑と、健康オタクの自分に言っています）。

中道を生きるということ

ところで、前章でさんざんコロナウイルスの本質について話をしていたはずなのに、なぜいきなり免疫力とか、コロナに負けない身体づくりを……なんていうのかなと思っている方もおられるかもしれないので、私なりの考えを少し補足しておきますね。

私たちは心魂体の存在として、三次元に肉体を持っています。

そのため、ボディが持っている振動と合うのは、やはり、多くの人が認知しているウイルスの性質が、身体には作用しやすいと思います。

いきなり本質が直で表れてくるわけではないと考えているのです。

そのため、本質は「愛」だから全く気にしなくていいとか、大したことないとタカをくくってはいけないと私は思っています。


つまり、極端にスピリチュアルに偏りすぎてしまうのは危険だと思うのです。

もちろん、心底100％、完全完璧に彼らの本質とアクセスしているという自信があれば、お釈迦様の変毒為薬《へんどくいやく》（毒を変えて薬と為す）と同じで、全く気にする必要はありませんが、もしほんの僅かでも、怖れや不安、心配の感情が湧き上がるのであれば、やはり対策はしておくべきです。


何事もバランスが大切です。

中庸、中道、真ん中の心で進む。


宇宙の常識、地球の非常識になっては、本末転倒です。

ときにはそれを押し切ることもありますが、基本的には、何か一つの方向に偏るのではなく、あるいは、すがりつくのでもなく、よく見ながら、その都度、よいと思ったことをやっていく。その繰り返しの中で、心と身体、そして魂を丁寧に磨いていったらいいんじゃないかな……と思っています。

というわけで、今の私の外出姿は、マスクに手袋、ときに飛沫感染防止用のサンバイザー着用といった完全防備でお出かけです、というか、ほとんど引きこもりのままなのであまり外にも出かけないのですが……。

パンデミックを機に、今まで以上に、身体と暮らしの状態を調えていく時期なのだろうなと思って過ごしています。

太陽意識を輝かせて生きる

……と書きつつ、次はしっかりスピリチュアルなお話です（笑）。

第二章にある新型コロナウイルスの意識との対話で、ウイルスが持つ本質は「太陽意識」である、というお話がありましたよね。

太陽意識とは、「すべてを照らし輝かせる、光の意識」であるとコロナくん（いつの間にか、この名前か!?）は言っていましたね。

そして、その意識を、私たち自身も持ち、輝かせることによって、新型コロナウイルスの表面にあるバイブレーションではなく、人でいえば「魂」にあたる、ウイルスの本質部分にあたるバイブレーションのほうと加持感応し、相転移して量子の波となってしまうのだということも。

そこに至る三つの段階を、言葉を少し変えながら、再度表してみることにいたしましょう。

【太陽意識の表し方】

▼ファーストステップ

新型コロナウイルスの表面の現れではなく、深奥にある「太陽意識」のほうに、意識を向けてみるということ。

▼セカンドステップ

その「太陽意識」が、私たちの中にもあることを、自らが感じ取っている、という段階。

▼サードステップ

自らも、まわりも、すべてを輝かせながら生きる「太陽意識」としての自己を表す段階。

うーん、なるほど〜という感じですが、これを素直に受け取って、実践してみるのはどうでしょう?

けれどもよく見ると、この意識、本当はわざわざ言うまでもなく、日本人なら誰しもが、ごく自然にわかっている感覚でもありますよね。

たとえば、お天道様《てんとうさま》がみているからという言葉とか、日本の国旗の紋章とか……。本当に私たち日本人は、もともと太陽好きな民族のようなのです。

他にも、「こんにちは」という挨拶の「こんにち」という意味は、「太陽」のことを指しているなど、諸外国に比べても、圧倒的に、太陽の存在が身近なんですね。

あるとき、それはなぜだろう？　と思い、そのルーツを調べてみることにしたのです。

すると、ほどなく見つかりました。

それは、縄文時代の人々がルーツだったのです！

私たちのご先祖様、縄文人の精神性に学ぶ

縄文時代と聞いても、私は、アニメ「はじめ人間ギャートルズ」のような（……って知っています？）、原始的な人たちがこん棒持って走っているような粗野なイメージを持っていたのですが、まるでそうではありませんでした。

漁撈《ぎょろう》採集を中心に、母系制で、自然と調和しながら暮らしていた時代。

武器らしい武器など未だに出てくることなく、長きにわたって平和を享受していたであろう時代。それが、縄文時代でした。その期間、なんと1万年以上（……ってすごくないですか？　この長さ）。

それが、私たちのご先祖様でした。

そんな彼らが持っていた精神性を調べていくと、だいたい次の三つへと集約されることがわかってきました。

【縄文人が持つ精神性の特徴とは？】

①すべてを生かす恵みのもとである、太陽を拝むこと。

②ご先祖様を敬うこと。

③自然を畏敬し、森羅万象の背後にある霊性を感じながら、素朴に生きること。

フムフム、そうか……あれ？　この感覚って、今も息づいている感覚ですよね。

たとえば朝日、夕日を見ながら敬虔《けいけん》な気持ちになるとか、仏壇に手を合わせる、ご先祖様に感謝をする、また、お花にお水をやるときも「喉渇いたねー。お水欲しいよね

〜」なんていいながら（えっ、私だけ？）、水やりをするとか。

あるいは、何にでも「神」をつけて敬ってしまうところなど（貧乏神も、疫病神もあるのですから。まさしくコロナも、日本に来たとたん神上がりしてしまうって、すごくないですか？）


そう考えると、かなり昔のことでありながら、縄文の時の精神性が、1万年を過ぎた今でも、私たちの精神の基底部――DNAの中には組み込まれていて、ONのままになっているとしか思えないのですね。

その代表格が、おてんとうさま（お天道様）に対する想いではないかと思います。

一人ひとりがアマテラスになる時代へ

太陽を日本の神話で表すと、天照大神になりますね。

そう、アマテラス神です。

分け隔てなく、すべてを照らし出す太陽。

自らも輝きながら、周りも皆、輝かせてしまう太陽。

眼に見える太陽を拝むことで、**自らの中にある太陽のような本質――太陽意識を輝かせて生きる、**ということなのではないかと思うのです。


一人ひとりが、生けるアマテラスになる時代。

そんな時代を告げるメッセンジャーとして、「コロナ」がやってきたのではないかと感じています。


そういえば、縄文時代に行われていたであろう知恵に、「棲み分け」という考え方があるのですが、ご存じですか？

私はこの考え方がそのまま、新型コロナウイルスの感染症対策に使えるのではないかと感じました。

どういうことかというと、古代において、もし、自分たちが住む共同体（ムラ）に、異なる考え方や文化を持つ人たちがやってきたときは、どうするか？　なんですが、おそらく最初は話し合い、和合協調していく努力をしていくのだと思います。

それでもどうしても折り合いがつかないときはどうするか？

ケンカ？　紛争？……ではなく、今まで住み慣れたムラを離れ、別な場所に行って、また新しく始める、という選択肢で暮らしていたそうなのです。

つまり、**「棲み分け」**です。

戦わない。場所を違える。お互いが心地よいように、住み分けていく。

この先人の叡智を、今ある出来事にも置き換えて応用できると思ったんですね。

確かに、現代における「住み分け」は、「Stay at home」であったり、「ゾーニング」であったりしますね。でも、見えない世界でも、棲み分けが可能です。というか、自然とそうなっちゃう。

波動が極端に違うので、結果として棲み分けられてしまう、というのはいかがでしょうか？

地球規模ですべてを乗り越えていく

今後しばらくは、心も身体も出来事も、なかなか厳しいハードな時代が続くことでしょう。

映画ならフィルムを見終わった後、いつもと変わらぬ暮らしが始まりますが、今は、その映画のような世界がリアルになって展開されているのです。

いつかはきっと、「あのときは映画みたいだったよね」と懐かしく友と語り合う日がくることは知っているのですが、まだ今は、リアルスクリーンで絶賛上映中!? です。そう遠くない将来に訪れるかもしれない、倒産ラッシュに健康問題、食糧危機に自然の猛威、経済崩壊……考えるのもいやで、思考がフリーズしてしまうかもしれません。

が、しかし！ です。

このことは強調してもしすぎないのですが、たとえ、どんなことがあろうとも、すべて乗り越えていける力を、私たちはすでに、持って生まれてきています。
人はそんなやわではありません。

とりわけ、**日本人は、勇敢で潔い、ますらおぶりの大和魂と、繊細で愛情深い、たおやめぶりの大和心を持つ、共同体意識の強い民族です。**

今までも、黒船が来航しようが、戦争に負けて、焼け野原になろうが、すべてを乗り越えて、たくましく生きてきました。

心を尽くし、技を磨き、よいものを作り続けて、世界の信用と信頼を集めました。
今こそ、少し忘れかけていた私たちの得意技――助け合う心、思いやる心、繋がり合う心を呼び覚まし、皆で想いを一つにして、協働、共創していくチャンスが到来しているのだと思います。

一人ひとりが、全体の中の分体として、一所懸命に生きること。
一隅を照らす灯りとなって、その場を精一杯輝かせること。

それはまるで、菊花紋のマークのごとく、まんなかにある芯の部分――ミナカ（御中）ですべて繫がっているから、決してバラバラではなく、一つに束ねられている。

一つひとつの花びらは、のびやかに手を広げて、四方八方に拡がっている。

その花びらの一枚一枚が、わたしやあなた、一人ひとり。でもその根っこは、一なるものに束ねられる。

だからこそ、のびのび育つ、輝く、生かしあう。

一つにして全、全にして一つの、自立した個の意識で繫がる尊厳社会。


その一つこそが、**宇宙の意思であり、天意――愛であること**。

愛を具現化する世界、この大いなるみこころから生まれた世界を、さらに良きものにしようと修理固成していくおのおのの姿。

これを実際に目に見えるかたちで果たしていこうとするあらわれが、今なのだと思っています。

大いなる調えを担わされた民――大和の人々は、きっと、有害を有益に、危機を機会に、くるりと反転させながら、人々が生きる、新しい生き方と社会のモデルを示すことが出来るのではないかとさえ、思っています。

ちなみに、今回の問題が起こってから、私は何度も内側（内なる叡智）に、どうしたらいいのかを訊いてみるのですが、答えはいつも一緒です。

「知恵と工夫で乗り越えろ。
仲間と共に乗り越えろ」

です。なので、きっと大丈夫。

問題が出てくるたびに、皆が、知恵を出し合い、工夫を重ね、協力しながら乗り越えていけ！　という命題が、人類に与えられているのでしょう。

しかも今回は、地球規模で起こっていますから、それはもう、世界中の人たちの叡智が集まるのです。

そう考えると、不安はあれど、やはり楽しみでもあるし、その先にある世界を思うだけで、胸の奥が静かに熱くなってくるのです。

私たちは、地球大の出産を共に乗り越えて、とうとう人種や民族、国家の枠組みを超えた、**「人類意識」**という集合知を得て、新しい振動数の地球の中で活動することになるのですから。

今、持っておきたい意識とは？

というわけで、今、出来ること。
そして、真っ先に取り組んでおいたほうがいい、心の態度をお伝えします。
それは、**「腹をくくる」**ということです。
言い換えると、覚悟を決めて進む、ということ。
その上で、問題そのものにエネルギーを注ぐのではなく、問題がすでに解決されている世界を明確に思い描いてから、問題に取り組んでいくという姿勢で進んでいくとよいのではと思います。

もちろん、この意識のあり方は、これからの個人が進む方向にも応用することが出来ます。

失業や倒産、離婚、ＤＶ、大切な人との別れ等々、今後、無きにしもあらずの今、時代の変遷の中で、あるいは、自らが選んだ人生プログラム（受肉する前に）の中で、避けることは出来ないものであるならば、いっそのこと腹をくくって進むと決める。

その意識を持つだけで、かなり違ってくるはずです。

そして、私からあなたに、どうしても伝えたいことは、すべての起こることは、あなたを苦しませるためにあるわけではなく、さらなる**もっと良き明日のために起こっていることを信頼して、歩んでいってほしいということです。**

必ず、笑える日が来ます。

ああ、このために、あの出来事があったんだなぁ。辛かったけれど……今はさらに幸せだ！　と思える日が来ますから、そんな進化成長した自分に出逢えるのを楽しみに、今、出来ることを一つずつ、こなしていってほしいと思います。

なんだか、エラそうに書いてしまって申し訳ないのですが、60歳を目前にした自分の人生（それなりに波乱万丈でした）を振り返ってみても、本当にそう思えることばかりなのです。

人生に抵抗しないこと。

しがみつかないこと。

流れに沿いつつ、自ら流れていく意識。

その中で起こっていく心の変容──「～のせいで」が「～のおかげで」と変わることで観えていく世界は、まるごと抱きしめたいほどの感謝と感動に包まれるにきまっています！

もちろん、私自身もまだまだ途中ですが、これから人類を巻き込んだ、感動ストーリーが待っているのだと思うと、やはり心は静かに躍っています。

それはあなたにも、そのまま当てはまります。


あなたの中には、すべてを力へと変えられる、勇気と知恵と愛が、詰まっています。

今、ここにあること、いること、自分が自分でいることをいつくしみながら、胸を張って歩んでいきましょうね。

強気×陽気＝元気でいこう

さて、腹をくくって進むときの、具体的な心の持ち方を、もう少し丁寧に説明しますね。それは、強い気と陽の気を持って暮らしていったらいいよ、ということです。

強い気というのは、強気です。まぁ、弱気の反対となる気持ちのことです、ね。

そして陽の気というのは、明るくあたたかく、ほがらかな気、陽気です。

この二つの気がかけあわさると、根源となる元の気――元気がふつふつと湧いてくるようになります。肚《はら》の底からいのちの力が出てくるのです。

というわけで、強気×陽気＝元気ですね。

イメージでたとえるなら、強気のお父さんと陽気のお母さんが結婚して、いのちの力があふれている元気な子どもが誕生していく、という感じでしょうか。

言葉でいえば、「だから何？」と、「アッハッハ！」の気持ち。

どんなときでも、強気で進む。

圧倒的な陽の気――陽気を貫く。

このかけあわせで、進みましょう！

おまけ：瞑想中に八百万《やおよろず》の神様たちが、ワラワラと出て来て、その神様たちから、これらの言葉と概念を教えられました。

きっと日の本の神様たちも、はらはら、どきどきしながら、あの手この手で、私たちを応援してくれていると思いますよ。弥栄！

あなたが本当にやりたかったことは？

そしてもう一つ、具体的にやっておいたほうがいいこととして、自分が本当にやりたかったこと、してみたいと思っていたことは何かを、再考することをお勧めします。質問をいくつか投げかけますので、自分の正直な気持ちを確かめてみてください。

・あなたにとって嬉しいこととは何か？
・あなたにとって嬉しい時間とは何か？
・今の仕事でいいか？
・どれくらいお金が必要と考えているか？
・何に使いたいのか？　どう使いたいのか？

・今、住んでいる場所でいいか？
・家族との関係はどうか？　どうありたいと願っているか？
・友人関係はどうか？　どうありたいと願っているか？
・親や親せきとの関係はどうか？　どうありたいと願っているか？
・どんな過ごし方をしたいと望んでいるか？

これらの質問を踏まえたうえで、今後のあなたの人生にとって、行動の核ともなるかもしれない、三つの質問を投げかけますね。

①あなたの人生にとって、大切なものは何ですか？
②あなたの人生にとって、大事なことは何ですか？
③あなたの人生にとって、大事な人は誰ですか？

この質問に対して、あなたが心の中で浮かんできたもの、こと、人（人たち）。
ここを軸として、動いてみてください。

あなたらしく、あなたの音色で、動いてみてください。

そこからきっと、さらなるパワーアップした、あなたとあなたの人生が始まっていくことでしょう。

さてここで、よろしければ再び、30ページにある「ガイアの祈り」を読んでみていただけないでしょうか?

そうするときっと、彼女(ガイア)の言葉の奥にある想いが、より深く理解できるかもしれません。

マザーアースとも呼ばれる彼女は、本当に私たちをまるごと包む母のごとく、一人ひとりの喜びと幸せを願っているのだと思います。

情報リテラシーの力を身につける

さて、今の時期、どうしても身につけておかないといけない能力があります。

それは、情報リテラシーの力です。

情報リテラシーとは、必要な情報を、効果的に、効率的に探し出し、精査し、使うことが出来る能力です。もともとは、情報（インフォメーション）と、識字（リテラシー）を合わせた造語で、比較的新しい概念でもあります。

インターネットの急速な発達において、今、情報が溢れかえっています。ある試算によれば、今年、世界にもたらされている情報の量は、とうとう44ゼタバイトとなり（1ゼタバイトは、地球上の砂浜の砂をすべて集めた数、10の21乗）、もう、ほぼ計測不可能のとんでもなく膨大な情報量が飛び交っているそうなのです。

そしてそのほとんどが、必要のない情報、ジャンクに属するとのこと。そんな情報の中から、自分にとって必要なものをすぐに探し出せ……って、まるでサハラ砂漠の中にたった一つ埋まっている、宝石の原石を探し出せ！　といわれているような難しさがあると思いませんか？

それでも、探せ、しかもすぐに、的確に、そして見つけた石は、磨いて宝石にまでしようかな、というプロセスが、情報リテラシーになります。

情報リテラシーは、正確な判断をしていくために、不可欠な能力です。

特に今は、皆さんも体験していると思いますが、日々、膨大な情報が舞い込みませんか?

たとえば、新型コロナの真実は○○です、とか、○○病院の関係者からの情報を拡散せよとか、○○が効きます等々……、もう何を信じていいかわからない程に、情報過多になっています。

かと思えば「情弱」といわれているように、偏向報道のニュースやテレビのみ信じて動いている人とのギャップが生まれたり、あっという間にフェイクニュースにひっかかってしまったりと、これほどまでに、情報を正しく取捨選択する能力――情報リテラシーの力が試されている時代は、ないんじゃないかって思っています。

一般的には、情報リテラシーの力を養う方法として、情報が提供された一次資料を探すことや、矛盾点がないか、発信者側の都合で脚色されていないかなどを調べて、情報の精度を上げていくとよいと言われていますが、より、本質的で時短で出来るやり方を、お伝えしますね。

四つの観と俯瞰、直観

それは、ものごと、できごととして観えている世界――「表観」の裏にある、「裏観」の側を見つめてみること。

そして「主観」によって表されているかもしれない情報を、なるべく客観視して、フラットに見つめ、そのすべて（表観、裏観、主観、客観）を見渡して、俯瞰《ふかん》するといったものの見方を意識するといいです。

そしてさらに、次ページの図でいえば、それらの見方の真ん中にある、中心点。その中心点に、高さを加えたところから、全部を見渡していくのです。そこがゼロポ

【物事の見方】

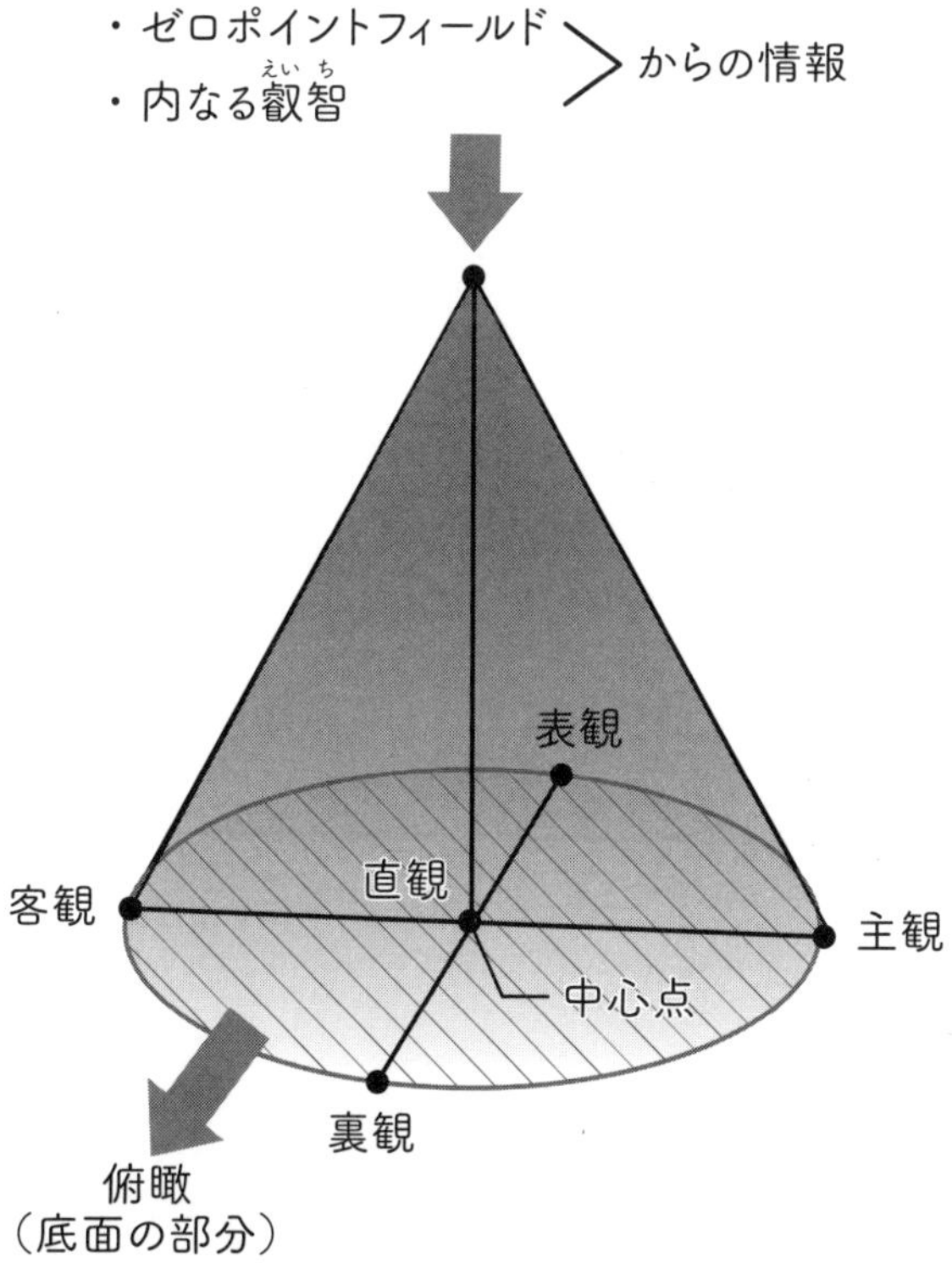

インフィールドの場所で、内なる叡智とつながっています。そして、そこへと行き来する道が「直観」になります。

ですので、直観を磨くということは、これからますます大切になってくると思います。

前述した、自然界と気を合わせて、そこから直接情報を取る、存在物コミュニケーションや、新しい時空と接続する、パラレルジャンプをいかに成功させるかというのも、この直観力を養っていくことと深くかかわっていますし、行動であれ、情報であれ、素早く適切な取捨選択が出来るようになるにも、やはり「直観力」が大いにものをいうのです。

ただ、いきなり直観力と情報リテラシーの力を結びつけるのは難しいかもしれないので、**まずは、客観的に見てみること、情報の奥にある意図を感じ取ってみること、そして情報全体を俯瞰してみること**、をお勧めします。

そして、情報精度を自分の中で確かめるときには、自らの内側にある繊細な感覚を使ってください。

識別の仕方ですが、その情報が、何ら違和感なくスーッとはいってくるものは、今のあなたにとって必要な情報ですが、ちょっとひっかかりがあったり、心がざわついたり、たしかにいい情報ではあるのだけれどもどこかしっくりこない……という質のものは、あなたにとっては必要のない情報か、フェイクニュースであることが多いです。

もっとも、ファクト（事実）としてある情報を、さらなる意図をもってフェイク（うそ）だとしていくニュースもあるので、そこは意識を研ぎ澄ませながら、見破ってください。

一つの情報だけに偏らず、さまざまな角度から鑑みて（独立メディアや海外メディア、信頼のおける言論人たちの情報なども駆使して多角的に考察）、すぐに信じてしまうという思考停止からは即刻、卒業しましょう。

ネガティブな出来事に引っ張られないために

ちなみに、『ファクトフルネス』というアメリカのお医者さんが書かれた本の中では、私たちが、認識の間違いを犯してしまう、10種類にわたる人間の本能的資質をあげているのですが、興味深かったので、本書でも簡単にご紹介しておきますね（注釈はみゆき流の解説です）。

【勘違いを生み出す、ドラマチックな10の本能】

①分断本能……何でも分断して考え、世界を二種類に分けてしまう（途上国と先進国など）。

②ネガティブ本能……ポジティブな面よりネガティブな面のほうに注意が向きやすい。

③直線本能……ある傾向がグラフから読み取れると、そのままひたすら継続すると思い込む。

④恐怖本能……恐怖と危険がごっちゃになって、世界が危険に満ちていると錯覚する。

⑤過大視本能……目の前に出されたものを重要だと思い込み、全体が観えなくなる。
⑥パターン化本能……少数の事例であるにもかかわらず、それが全体の特徴だと認識する。
⑦宿命本能……すべてはあらかじめ決まっていると思い込み、思考停止状態に陥る。
⑧単純化本能……一つの切り口からみた考え方を最善だと思い込み、他を排除する。
⑨犯人捜し本能……誰かや何かのせいにすれば物事が解決するのだと思い込む。
⑩焦り本能……冷静さを失い、現状を変えるために、すぐに手を打たねばと思い込む。
『FACTFULNESS（ファクトフルネス）――10の思い込みを乗り越え、データを基に世界を正しく見る習慣』（ハンス・ロスリング他著・日経BP）より

う〜ん、ある、あるですよね。

けれども私はこの本を読んで、逆に巷《ちまた》にあふれかえっている、ネガティブな面ばかりを強調しているニュースの数々や、「勝ち組・負け組」、「正義・悪」の二つの言葉で片づけようとする、マスコミの報道の真意がわかってホッとしたところもあるんですね。

つまり、共感も得やすいし、スッキリ感もあって、「絵」になりやすいからだと思っ

たのですよ。

そこを知りながらあらためてニュースを見ると、「ちゃんと、本能を刺激してくれるお仕事しているね。よしよし」と、かなりクールな眼で観られるようになりました。(そういいつつ、本書では、愛か怖れかの二極化が進むといっているんですけれど。実際は、それぞれの感情を行き来しつつ、どちらかの極性に向かって進んでいくというイメージです)

私たちの周りは、決してネガティブな出来事ばかりに囲まれているわけではありません。たまにはあるにせよ、普段は、友人や家族がいて、美味しいものを食べたり、楽しいことをしたり。

あまり変わり映えはしないけれど、ごく普通の日常がいとなまれていませんか?

殺傷事件やテロが、身近で起こっていますか?

また、ニュースを見ても、すでに多くの人がウイルスの感染症から治癒しているにもかかわらず、その人たちの様子や、表には出ていない、たくさんの人の思いやりの行動やエピソードなどは、ほとんど語られないままです。

ごく一部の、「絵」になるストーリーを除いては。

ましてや、**出来事の奥にある、「気づきと進化と成長の物語」に関しては、ほぼ語られることはありません。**

何が起こるかに意識を向けて怖がるのではなく、何が起ころうとも、そこから何を学べるかを意識する。ものごとの奥にある、意図に注意を向ける。

そんなニュートラルで囚われのない視点を持って、ものごとを見つめていきましょうね。

身体の三密、心の三密

本書も終わりに近づいてきましたので、ここで今、日本人全員の行動指針となっている、ある言葉を再確認しておきたいと思います。

それは、「三密」！

換気の悪い「密閉」空間を避け、多数が集まる「密集」場所を避け、間近で会話や発声をする「密接」場面を避けてくださいの三密です。

実は、私が初めてこの言葉を聴いたとき、頭に浮かぶのは、真言密教の祖である弘法大師――空海さんが唱える三密のほうだったんです。

空海さんが伝える三密は、

①手に仏の象徴である印を結び――「身密《しんみつ》」、

②口に仏の言葉である真言を唱え――「口密《くみつ》」

③心を仏の境地に置くこと――「意密《いみつ》」

を行ずることによって、大日如来と一体になる、というもの。

空海さんが伝える三密は、「身」と「口」と「心」のこと。

つまり、行いと言葉と想いである、身口意のことを言っているんですね。

そして、大日如来というのは、宇宙の根源的な生命力のことで、皆、そこと繋がっていて、すべてはその、表れであると伝えているんです。


その尊いお働きを、目に見える形で表してくれているのが太陽です。

大日＝大いなる日輪。

また、如来の如という意味は、あるがまま、あるが如くという意味。

ゆえに、如来とは、「あるがままに世界を見渡す仏の世界から来た」仏様ということになるんですね。

この三密を、みゆき流に、誰でもわかる言葉で置き換えてみることにしたんです。

するとこうなりました。


「想いと言葉と行動を揃えて、おひさまの心と一つになって生きようね」


今でも、「三密」という言葉を聴くたびに、空海さんのほうの三密が浮かぶのです。

なので、ささやかなご提案。

こちらを心の三密、国の方針を身体の三密として、行動は国の方針にしっかり従い、心は、空海さん側を採用して暮らしてみる、というのはいかがでしょう?

そうすると、「三密」と聞いて、窮屈で縛られた想いになるのではなく、今の自分に贈られた、未来への祝福の言葉として、受け取れるかも、と思ったんですね。

(それにしても、空海さん、ちゃんと今の時代のことを見据えて、「三密」の言葉を残してくれたのかぁ、なんて、じんわり感動。大好きよ!とハートマークを送る私です……笑)

何気ない言葉の中に、さりげなく織り込まれている、天の想い。

ご先祖様に過去の偉人、神様、仏様、宇宙存在、精霊、自然、ハイヤーセルフ。

そして、今はもう天に戻ってしまった大切な人たちも!

多くの応援に見守られながら、私たちは今を生きているのだと思います。

……ありがたいなぁ。

今、やるとよいことのまとめ

ここで、第四章のテーマとして掲げたこと――今、私たちは何をしたらいいのか？について、簡単にまとめておきますね。

細かな内容は、本書を再読していただければと思うのですが、ざっくり分けると七つになります。

ぜひ、行動次元に落とし込んで、実践してみてください。

すると、必ず、見える地平が変わり、それに伴い、表れる事象も変わってくると思います。

想いはゆったり、行動はきっぱりで、進んでいきましょうね。

【今、やるとよいことのまとめ　七つ】

・免疫力を高める……病気に負けない丈夫な身体と心をつくる。

・中道を生きる……バランスよく。真ん中の心で生きる。

・太陽意識を持つ……一人ひとりが生けるアマテラスになる。天意＝愛で生きる。
・縄文に学ぶ……縄文人の持つ精神性や生活スタイルを参考にしてみる。
・腹をくくる……強気・陽気で元気を養う。
・情報リテラシーを身につける……俯瞰、直観を使いこなして情報の取捨選択を的確に。
・直観力を磨く……存在物コミュニケーションやパラレルジャンプ、生き方の極意、情報リテラシーを含め、すべてに通ずる鍵。

カルペ・ディエム——今を生きる

本書の最後に、私がフィレンツェに住んでいたときに覚えた、大好きな言葉をあなたと共有したいと思います。

それは、**カルペ・ディエム**というラテン語です。

直訳は、「その日（の花）を摘め」で、その言葉が意味することは、昨日、咲いていた花でもなく、明日、咲くかもしれない花でもなく、その日に咲いている、その日の花を摘むのだ、という意味なんですね。

つまりは「今を生きよ」ということです。


私が初めてこの言葉を聴いたのは、地元のトラットリア（大衆食堂）で、ご飯を食べていたときのこと。

バラの花を持ったおじさんが、いきなりテーブルの横に立って、甘くチャラめの声で、「カルペ・ディエム」といって、花を一本、差し出してくれたのですね。

私は、物売りかと思って、即刻拒否したら、「いやいや、気持ちだから」といって私の手にのせ、そのまま去っていったんです。そのときの一言がコレ（そりゃ、忘れないでしょ……笑）。


カルペ・ディエム。その日の花を。

カルペ・ディエム。今を生きる。


うーん、深いなぁ。あらためて、その言葉の重みと深さに思いを馳せています。

この言葉は、もともと古代ローマの詩人、ホラティウスの詩に登場する語句なのですね。

ということは、紀元前から、今の時代に至るまで語り継がれている言葉だったのです。

人々が、この言葉を口にするときは、どんな思いでいたのでしょう？

何を思い、誰を想い、何を大切にしたいと思っていたのでしょう？

そう思うと、長い歴史の一幕一幕の中に、たくさんの想いと願い、愛と哀しみがあったことでしょう。

その重みの終点として、今の私たちがいるのだと思います。

永遠なるもの――いのち

この先、どうなるのか、どんな未来となるのか、何を得て、何を失い、何が待っているのか？　確たることは、誰にもわかりません。

もちろん、ある程度の見立てや予測は出来ます。こうであろうということは言えます。

けれども、どの波が粒として表れ「現実」として観ることになるかは、まったくもって不確定で、何事にも「絶対」は存在していないのです。

ただ、この世の次元で、これは誰もが通る道だと知っているものがあります。

それは、私たちは必ず、死ぬ存在である、というファクト（事実）です。

生まれた以上は、死ぬ。生まれた瞬間から、死へのカウントダウンが始まる。

このファクトに対し、どう対応していくのか？

怖さに震えて、ビクビクして暮らすのか、

それとも、今、あることに気持ちをむけるのか？

このように、究極的には、**それぞれの人が持つ死に対しての認識が、私たちの生き方**

のありようを決めているのではないかと思っています。

私自身、まだ死んでいないので（……そりゃ、そうだ）、確たることはいえませんが、それでも、幼い頃から今までに至る、内なる叡智との対話で、自らを貫く「核」となっている概念はあります。

それは、**「私たちは永遠のいのちである」**ということです。

私は何か特定の宗教的信念を持っていたり、何かに属しているわけではないのですが、このことを「知って」います。

そして、もし、肉体を脱いだとしても、私という存在は、生まれることも、死ぬこともなく、ただ、ある、いる。そこかしこに、いる。この想いを持ちながら、私は、私という人格の中にはいって、我のいのちを生きています。

そして、その時空から見渡したときは、何をどれだけ言い張ろうとも、「死」は存在していないことがわかります。

確かに、形態としての死、容れ物の使用期限切れは来るでしょうが、それは終わりではなく、一つの変容のかたちです。

もちろん、肉体が土に還るので、残されたものは、言葉にならぬ哀しみと、辛さを体験することになるでしょうが、本人自体は、個我の中に生き、狭い肉体という軛《くびき》から解き放たれることにより、本来の軽さを取り戻しながら、次なる波動領域での活動へと移行していきます。

その意味で、死を迎えるということは、地球服を脱ぐ卒業式のようなもの。

それは、忌み嫌うことでも、負けることでも、一切ありません。

魂から見ると、「おつかれさま」と「ありがとう」、そして「おめでとう」まで入っている、変容のイニシエーションなのです。

そして今、私たちが迎えているのは、生まれたまま死に、そしてまた生き返るという、新たなるイニシエーション（儀式）の最中なのです。

なぜなら今回は、地球服を脱がずして、多くの人が、次なる活動領域である地球のバージョンに移行するのですから。これが、いわゆるアセンションであり、次元下降《ディセンション》して肉体という鞘《さや》に納まった私たちの、再び還りゆく姿です。

いのちの旅としては、大変面白い、アトラクションの時期です。


今現在、私が暮らす中で、一日一回は思うであろうこと。

それは、ものすごく乱暴な言い方になりますが、

「最悪、死ぬだけだから、大丈夫」

という想いです。

なので「カルペ・ディエム」が響くわけです。

メメント・モリ——死を憶え

しかしながら、同じくラテン語で、カルペ・ディエムの言葉と一対になっている言葉

――**「メメント・モリ」**（死を憶《おも》え）も同じぐらい、好きなのです。

フィレンツェ在住時、私はよく誰もいない教会に、たたずんでいました。

ルネサンスの時期に建てられたという、薄暗い教会の壁や床には、多くの聖人たちの墓が埋まっていて、そこにはドクロのマークと一緒に、「メメント・モリ」のラテン語が記されていました。

暗闇の中で浮かび上がるドクロを眺めていると、心は勝手におしゃべりを始めます。

「私も、その姿になるまで、心ゆくまで、この世界を愉しむからね。

やれることやって、やりたいこともやって、いっぱい遊んでくるからね。

いっぱい愛して、愛されて、楽しかったよー、っていって戻るからね。

それまで待っててね。いつも見守ってくれて、ありがとう」

そんな思いが次々と湧き上がり、ときには胸がいっぱいになることもありました。

そうして一歩、外へ出た途端、トスカーナの真っ青な青空と太陽が迎えてくれるのです。

死を思うことは、そのまま生を充実することへと繋がり、今を大切にすることを教えてくれます。

今、起こっている現実の、根っこにある恐怖は、やはり死への怖れではないかと思います。

でも、だからこそ、今、この瞬間の生が輝くのです。

今を生きる。精一杯生きる。
心を尽くして、言葉を尽くして、身体を尽くして、今を生きる。
喜びの中で、今を生きる。

そんな心意気で、明日のことは明日にまかせて、暮らしていけたらと思っています。
あらためて、30ページの「ガイアの祈り」に心を重ね合わせ、粛々《しゅくしゅく》と、そして朗々と生きていくことを意図したく思います。

新しきルネサンスの時代へ

現在の私たちが、体験していること。

それは宇宙時代に向けた、新しきルネサンスの台頭です。

14世紀に始まったルネサンスは、王と民衆、支配と隷属といった社会システムの中で、形骸化された人間らしさというものを取り戻していこうという、**人間性回帰の復興運動**でした。

当時のルネサンスは、フィレンツェから始まり、ヨーロッパ全体へと広がり、市民革命へと至る近世への序章となりました。

そして今、21世紀になって始まりつつあるルネサンスは、一人ひとりが自立し、尊厳を持ちながら共動、共創していくという、より進化した段階の人間性回帰が図られようとしていると考えています。

つまり、**霊性復興のルネサンス**を、私たちは体験しようとしているのではないでしょうか。

この霊性復興のルネサンスによって、私たちは、宇宙時代に向かって花開いていくことになるでしょう。

令和時代が始まって2年目、ビューティフル（令）ハーモニー（和）へと至る道は、まだまだ道半ばでもあります。

これから何が起ころうとしているのか？　何を体験しなくてはいけないのか？

先のことを考えると、とめどなく心配や不安も絶えないでしょうが、それでもなお、私たちはすべてを超えていく力があると信じています。

必ず、出来る、やれる、やり遂げます！

なぜなら、それが出来ることがわかっているからこそ、今、この時空の、この時代をピッタリ選んで受肉することを決めた尊い命――ミコトたちが、私たち一人ひとりだからです。

「知恵と工夫で乗り越えろ。

仲間と共に乗り越えろ」

内なる叡智は繰り返し、そうささやきます。

だからこそ、**勇気をもって、リスクをチャンスに見立て、世界中の人々と共に、知恵を集め、工夫を重ね、カオスからコスモスへの旅を愉しみたいと思います。**

私は、いのちを震わせ、繋がりの中で生きることを選びます。

私は、あなたの中に私を見つけ、私の中にあなたを観ることを選びます。

そして、宇宙へと向かって開港する、地球大のルネサンスの時代を、この星の仲間と共に創ることを選びます。

愛から生まれ、愛を生き、愛へと還る仲間たちへ。

さあ、ご一緒に、たくましく進んでまいりましょうね。

おわりに、そしてまた新たなる始まりに

令和初のお正月が過ぎ、新しい時代の幕開けを喜んでいた矢先に起こったコロナショック。

最初は中国・武漢で起こっている奇妙な感染症として、対岸の火事のような感覚で見ていたはずが、ほどなくして全世界へとひろがり、あっという間にパンデミックとなってしまいました。

まさに感染症のグローバル化です。その後各国は封鎖政策をとるようになり、それぞれの国の行き来もストップして、私たちが営む日常生活にも制限がかかるようになりました。

こうして私たちは、期せずして、昨日までの当たり前が「当たり前でなくなった世界」を生きることとなったのです。

たとえ以前の日常が戻ったとしても、今までとはちょっと違う世界を見ています。シャッターが閉まったままの店舗など、経済不況を目の当たりにしながら、自らの生活様式も変わらざるを得ない状況です。

これからどうなるのか、どう対処していったらよいのか?

次々と不安や心配が出てくると思いますが、それでも私たちは、生きていくことに変わりはないし、だからこそ、同じ時代を生きる仲間と共に、知恵や工夫を重ねて、たくましく乗り切っていくのだと思います。

本書は、これからの航海の一助となることを願って、直観の導きと共に一気に書き上げたものですが、本稿執筆後、再び、大量のダウンロード(内なる叡智からの情報)があり、その一部を、こちらで分かち合いたいと思います(全部で三つあります)。

◆「和心」を体現する生き方へ

一つめは、私たちが大切にしている「和」とは何か?

その本質についての情報です。

和とは、仲良くすること。調和がとれていること。穏やかでのどかなこと。

といった意味合いで通常、使われておりますが、なぜその状態としてあるのか？　という「和」をもたらすプロセスとその本質については、あまり論議されていないように思います。

そうした「和」というものの正体ですが、内なる叡智が伝えるところによると、**「和」とは、天地を繋ぐ心であり、我と他者、及び我以外の一切すべてを結びつける力のことである、ということ。**

言い換えると、天（大宇宙・霊的世界）の想いが、地（地上・物質世界）へと沁《し》みわたるよう、天地両極を結びつけ、バランスを図り、調わせていく力が「和」であり、同様に、自分と自分以外（他者、他の存在物すべて）の二極を結び留め、バランスを図り、調わせること、つまり美しい調和を創っていく、ということが和の本懐だというのです。

この「和」こそが、今の時代に求められている胆力であり、その最たる実行のときが、今現在であり、和人と呼ばれた日《ひ》の本《もと》の国の人々が、果たしていく役割であると伝えられました（閃かされました）。

そのような観点で捉えていくと、和とは、単に仲良くしましょうということではなく、天地を繋ぐ縦の糸と横の糸（今ある時空）が、精緻にかみ合い組み合いながら、天壌《てんじょう》無窮《むきゅう》の織物を仕上げていくという、大調和へと至るあり方の知恵を伝えた言葉でもあった、ということです。

私がこの概念を受け取った時に、同時に見えていたビジョンは、ちょうど神社の拝殿に向かって、参拝している様子でした。

お辞儀をして、柏手を打って、両掌を合わせる……、まさしく縦と横の結びです。

日々の暮らしの中でも、拍手をしたり、お辞儀をする機会はたくさんありますが、こうして私たちは、知らずして「和心」を実践していたのですね。

また、お辞儀や拍手などのしぐさは、相手を敬ったり、感謝したり、賞賛したりするときに行う行為ですから、「和」へのプロセスとは、感謝や尊敬、敬意、喜びといった能動積極の想いを通して表されていくものなのでしょう。

今、このときだからこそ、そんな「和心」を一人ひとりの内から呼び覚まし、自らが「和心」を体現できるよう精進していかねばなりません。

夫婦の和、親子の和、近所との和……また、コロナウイルスとの和、暮らしとの和、霊的な自己と物質的な自己との和、言うは易く行うは難しかもしれませんが、一つひとつ丹念に「和」を身体の中に沁み込ませていく実践を通して、我から家族に、地域に、社会に、そして国や世界、地球といったレベルにまでフラクタル（相似象）に伝播していくものと確信しています。

さて、このような世界観――和心によって一つに結ばれている大調和の世界を、見事に、一言で言い表している言葉があります。

それが、**今の元号――「令和」です。**

令和を英訳するとBeautiful Harmonyになりますが、まさしくこの、美しき大調和の世界をこの眼で見るべく、現在の事柄が起こっているのだと捉えてみると、また、見え方が変化すると思います。

ちなみに、令和の令は、神（天意）からのお告げを、ひざまずいて受け取っている姿がもとになっているといわれ、その意にそって「和」を表していく、という一つの決意表明ではないかと、私は考えています。

もしかしたら、天では、私たちが「令和」というたびに、「わかったよー、お告げも送るし、応援もするから皆々よくやっておくれよ。頼んだぞー」と呼応してくれているかもしれませんね。

加えて、その**「お告げ」の始まりが、コロナショック**であるのだとしたら、私たちがすることは、立ち止まることではなく、その先にあるものを見据え、しっかりと進みゆくことではないでしょうか。


今は、確かに混乱期のカオスの中ではありますが、カオスでなければ出来ないこともあります。

たとえば、小麦粉や卵、牛乳といった形あるもののままでは、ケーキを焼くことはできないのですものね。

美味しいケーキを焼くには、卵は割られ、小麦粉やバター、牛乳などが一旦混ぜこぜになって、もとのカタチが失われた、カオスの状態になることが必要なプロセスとなります。

もしその時、自分が卵だったとしたら、あなたは何というのでしょうか？

「いったいどうしてくれるの？　グチャグチャになってしまったじゃないの！」

と叫ぶかもしれません（笑）。

けれども、その混迷のプロセスを経ることで、香り立つふんわりとしたケーキが焼きあがるのだとしたら……、卵が割られるのも、また良しになりませんか？

今は、そんな卵割りの時期であり、古き形態を脱ぎ捨てて、より快適で好ましい、新たなるかたちを創っていく、絶好のチャンスが到来しているともいえるわけです。


なお、ケーキを焼くには、生地を入れる型が必要ですが、同じ材料で、フライパンに入れてホットケーキにしてしまうことも出来ます。

どの型に入れるかで、出来上がるかたちが変わってしまうということです。

今の時代における型とは、心（意識）の型がベースとなっています。

つまり、意型（鋳型）です。

私たちが、何を思いどう捉え、何を意識するかによって、言葉が変わり、行動が変わり、付き合う人も、見える世界も変わってくるのです。

それはやがて、各々が属するパラレルワールドへと展開され、それぞれのパラレルリアリティが進行していくことになります。

これからの時代は、「すべての人が同じものを見ている世界」ではなく、「すべての人が同じものを見ていても、それぞれ異なっている世界」に属しながら、想いの方向性と意識の周波数が近似値な人たちとの、協働・共創世界が始まっていくことでしょう。

◆なぜ日本人はキレイ好きなのか？

次に、二つめの情報ですが、こちらは質問形式で問うてみたいと思います。

質問１：新型コロナウイルスに感染した患者数が、世界に比べて我が国が少ない原因の一つとして、日本人の「清潔好き」が挙げられていますが、そもそも、なぜ私たちは清潔好きなのでしょうか？

……え？　だってもともと、そうだからー。という声も聴こえそうですが、実は、ここに次なる時代を創るヒントが秘められています。

どういうことかというと、私たちは幼い頃から、外から帰ってきたら手洗いうがいをすることを教えられてきましたし、用を足したら、手洗いは必須ですよね。

また、お風呂に入ったり、シャワーを浴びたり、ということも頻繁に行う民族です。

なぜそのように身体をキレイにするのかというと、いつも「清々《すがすが》しい状態でいる」ことを良しとするからです。

では次の質問です。

質問2：なぜ、私たち日本人は「清々しい状態でいる」ということを良しとするのでしょうか？

答え：「清々しい状態でいる」ということは、すなわち禊祓《みそぎはら》いである。

水で浄め、清浄にし、まがまがしきものを禊ぎ祓うことで、天の想いを受け取りやすくするのである。

つまり、穢《けが》れ（気枯れ）を祓って、汚れた身を削ぎ落し、神様の心と繫がりやすい状態をつくることを習慣化していた！　ということだったのです。

まさしく「令」ですね。

他にもある清潔習慣といえば、家に入る時に玄関先で靴を脱ぐことも、その一つです。

神様が入るおやしろを、いつも清浄に保つのは、家人の勤めでもあったのです。

ちょうど神社で、神主さんが神殿に上がる時に、履き物を脱ぐのと一緒です。

……ということは、家においては、その家主こそが、神主さん（神と人の仲介役）であり、同時に、神様自身でもあった！　というわけなのですね。

だからこそ、素晴らしい我という存在が清々しく祓われていて、ピカピカの自己でいるように、自分とまわりと空間を調えたのですね。

そんな天なる心（神様の心）を、目に見えるかたちとして表してくれているのが、おてんとうさま（お天道様）です。ですから、おてんとうさまの心と一つになって生きることが、清らかで潔《いさぎよ》しという、清々しき状態を好み続けた和人たちの、ＤＮＡに刻み込まれ継承されてきた、実践哲学でもあったのです。

◆なぜ私たちは生まれてきたのか？

さて、ラストとなる三つめの情報です。

それは、ずばり、なぜ私たちが生まれてきたのか、そして何をしにこの地へと生まれてきたのかということに対する一つの解です。

まずは、内なる叡智が伝えてくれたままに文章化します。

【ヒトの存在理由と目的とは？】

『大いなるもの（天地創造のもと、根源神、永遠の命）の、
分け御霊として生まれたあなたが、
神々の創造活動を継承するために、この星（おのごろ島）へとやってきて（天下って）、
その創造活動に参画し、修理固成の用を為す。
やがて、用が終わると、神々のもとへと還りたる。
こうしてあなたは、神々の歴史に一つの役割を果たし、
創造の一端を担い、寄与するのだ。

ゆえに、あなたとは創造する神であり、
元一つへと連なる、元一つの〝いのち〟そのものの御姿である』

「修理固成とは何ですか？」と聞いた時に返ってきた答えはこちらです。
修＝修め為さんとする心、
理＝宇宙の理《ことわり》、
固＝固め為す、
成＝成就するという意味。

意訳すると、心に抱いた思いや意図を発動させ、その意を、宇宙の理（すべては調和の方向へ向かって生成発展していくという宇宙にある法則性）のもとに行動し、かたちと為して完成させ、成就せしめていくこと。
このプロセスを繰り返しながら宇宙進化に寄与していくことが、神々の創造活動に参画するということなのだそうです。

明け方、まどろみのなかで、まばゆい光に包まれながらこの言葉を受け取った時、私の眼からは自然と涙がこぼれおち、ハッと気がついて目が覚めました。

しばしの沈黙の後、ああ、そうだった。そのために今ここ（地球）に来ているんだった。私は、自ら志願してここにやってきたのだという想いが溢れ出し、胸がいっぱいになったのです。

◆私たちのあるがままの姿とは？

そうして、そのまま感慨に浸っていると、次に「自分」という言葉の中に秘められた、複層的な意味を閃かされました。それは「自分」についての四つの意味です。

一つめは、自分とは、そのまま、我・私を指す言葉であるということ。

私たちが、自分について意識を向けた途端、宇宙に遍満するエネルギーが、その人に向かってなだれ込み、その想いに沿って、エネルギー（波動性）が、粒子性へと転化していくのだということです。

これは、私や僕、他の言語でも同様で、自分自身のことに意識を向けると、そこにエネルギーが集約されていく。そして言葉として語ることで、よりその強さが増すのだということです。

二つめは、自分とは、そのまま自然の分身であるということ。つまり、自分は、自然の一部として存在している、動き考え歩く「自然」であるということ。

同様に、自然界の中に存在する存在物（動植鉱物も含む）もすべて、自然の分身であり、いのち（たましい）として繋がっている、もう一人の我の姿でもあるのです。よって、自然と触れることは、自然の分身としてある自分の、あるがままの姿に立ち返るということであり、自然と共にある調和的生活を送ることは、そのまま我と世界と宇宙を照らす灯りとなっていく、ということです。

三つめは、自分とは、自ずと分かれしものであるということ。すなわち、自分とは、その本源において、大いなるもの（大宇宙・天地《あめつち》・神）自身であり、そこから分かれ出でた、連綿と続くいのちの先に我という存在がいるのだということです。

そう考えると、森羅万象万物一切は、我から分かれしものであり、我の中にすべては存在し、すべてのなかに、我も存在する、ということになります。ここを理解することで、私たちが見える世界の根本的な変容が起こってしまうとのことです。


そして、四つめです。最後は、そのような「いと高き存在である我」がやるとよい、具体的なやりかたについての示唆でした。

それは、**自分＝自らの分を尽くして生き、輝け！**　ということ。

自らの分、それはあなたが持っている個性であり、好きなこと、得意なこと、興味あることという、天から与えられた才能――天才を、どんどん活かし、磨き上げようと邁進する。そのプロセスがそのまま、自らだけではなく、他を生かし、喜ばせ、全体としての栄えとなる。

この、自らのあるがままの本分を輝かせ、喜ばせ、いのちの花を咲かせることが宇宙進化、生成発展の鍵であるよ、というのです。

そして、これこそが、自分の中へと入った、大いなるいのちがやってみたかった冒険の旅の内容であるとのことです。

……いやぁ、まいったなぁ。

いよいよ本書も筆を置くときがやってきました。この時代の大きなうねりの中で、今、このときを選んで生まれた私たちの旅は、これから本番を迎えることでしょう。

忍耐と共に進む状況は、かたちを変えながら、まだしばらく続くかもしれません。

けれども、心配はいりません。

大いなるいのちと一つになって、大いなるいのちの中に生き、一歩一歩進んでいけば、必ずや次のステージが開けるはずです。

これは実に壮大な「遊び」です。

まさしく、地上に降りた神様たちの、本気をかけた「神遊び」ともいえましょう。

この神遊びの時代を共創する、あなたという神様との出逢いに感謝申し上げます。

最後になりますが、執筆から発刊まで、ほぼ一か月強で完了させるという、異例の出版スピードに、休日返上で御尽力くださいました編集者の豊島裕三子さん、デザイナーの三瓶可南子さん、校正の麦秋アートセンター様、ＤＴＰの（株）キャップス様はじめ、多くの皆様のお力添えをいただきましたことを、この場を借りて御礼申し上げます。

なお、拙著ははからずも、一年前に発刊となりました書籍『令和の時代が始まりました！　―日《ひ》の本《もと》開闢《かいびゃく》と龍体文字―』（徳間書店）の続編となる内容になりました。

前著が令和全般における概要と総論を示す本で、本書が、その各論編のパート１という位置づけになります（……パート２もあるのかな？　今はまったく閃きませんが）。ですので、本書と併せて『令和の時代が始まりました！』も、お読みいただければ、より理解が深まると思いますので、ぜひ御一読いただけますと幸いです。

また、ものの見方や考え方、不安や心配の対処法については、２０２０年３月に刊行された書籍『起こることは全部マル！　増量パワーアップ版　22世紀的「人生の攻略本」』（徳間書店、ひすいこたろう氏と共著）の中に、かなり詳しく、ワークと共に書いていますので、ぜひこちらもお役立ていただければと思います。
それでは、皆さん、最後までお付き合いくださり、誠にありがとうございました。
強気、陽気で元の気をいっぱい満たして、神々の航海を愉しんでまいりましょう。

令和二年五月　初夏の日差しの中で

はせくらみゆき

はせくらみゆき

画家、作家、雅楽歌人。生きる歓びをアートや文で表すほか、芸術から科学、ファッション、経済まで、ジャンルに囚われない幅広い活動から「ミラクルアーティスト」と称される。日本を代表する女流画家として、国内外で活動中。2017年には、インド国立ガンジー記念館より芸術文化部門における国際平和褒章を受賞。2018年にはロンドンで開催された美術展にて日本代表を務める。2019年にはイタリアで行われた国際アートコンペにて世界３位を受賞。他にも雅楽歌人としての顔や次世代のための学習法など種々の教育コンテンツを開発し、高い評価を受けている。

著書に『令和の時代が始まりました！』『起こることは全部マル！増量パワーアップ版』『宇宙を味方につけるリッチマネーの秘密』(いずれも徳間書店)、『Otohime』(Neue Erde in Germany)など多数ある。

一般社団法人あけのうた雅楽振興会代表理事。

英国王立美術家協会名誉会員。

北海道出身、三児の母。

はせくらみゆき公式Web Site：https://hasekuramiyuki.com/
(社)あけのうた雅楽振興会：http://www.akenoutagagaku.com/

コロナショックから始まる変容のプロセス
これから何が起ころうとしているのか

第1刷　2020年5月31日

著　者　はせくらみゆき
発行者　小宮英行
発行所　株式会社徳間書店
〒141-8202　東京都品川区上大崎3－1－1
目黒セントラルスクエア
電　話　編集(03)5403-4344／販売(049)293-5521
振　替　00140-0-44392
印刷・製本　大日本印刷株式会社

ISBN978-4-19-865122-0